대학의 역사

차례
Contents

머리말

  한 나라의 교육제도와 그 실상, 그리고 그것이 지향하는 이념은 그 나라의 사회·정치·경제·문화 전반의 소산이며 반영이다. 그리고 특히 대학을 비롯한 고등교육의 실상과 수준은 그 나라 전체의 수준이며, 이를 바탕으로 그 미래 또한 점칠 수 있다.

  한국의 대학은, 오늘날 우리의 대학사회와 대학문화는 이 땅의 사회·정치·경제·문화의 구조나 체제 또는 상황과 깊이 관련되며, 그에 더해 멀리 거슬러 올라 우리의 역사적 문화전통과도 혈연적 교차를 이루며 오늘에 이르렀다.

  광복 이후 우리의 고등교육은 근대화를 지향하는 국가정책의 일환으로서 그간 대체로 미국, 유럽 및 일본의 제도를 본받으며 발전했다. 그러나 현재 우리에게 선진 여러 나라의 대학에 있는 제도와 구조를 내면적으로 통괄하고 뒷받침한 대학은 얼마나 있을 것인가? 또 이를 통해 대학의 존재이유를 드높이는 대학과 대학인의 뿌리 깊은 에토스, 즉 대학의 본질에 우리 대학은 얼마만큼 내면적으로 다가섰을까?

경제지상주의를 내건, 국가와 대기업 주도의 근대화가 허구였던 만큼 기술과 산업의 논리에 크게 조작되어 온 이 땅의 대학문화 또한 부조리한 전근대적 구조로부터 자유롭지 못한 채 오늘에 이르렀다.

고도화된 산업·정보화 사회 속에서 세계의 대학은 일대 변혁을 맞이한 지 오래다. 우리의 대학 또한 '강요된' 변혁 속에서 뒤늦게나마 대학을 둘러싼 개혁 논의가 활발하다. 그런데 그 변신의 몸부림 속에서 이 땅 대학사회의 키워드가 언제부터인가 '시장원리'를 표방하고 있음은 참으로 흥미롭다.

국민국가와 국민문화의 전통 위에 뿌리를 내렸던 지난날의 대학과는 달리, 오늘의 대학은 원하든 원치 않든 마치 다국적 기업과도 같이 세계를 무대로 그 위상을 가다듬어야 한다. 오늘의 이른바 세계화란 원래 다국적 기업의 이데올로기에서 유래된 것이 아니던가? 그만큼 기업적인 시장원리가 대학사회에도 침투되고 있다. 이러한 사실에 비추어 선진 대학사회에서는 오래 전부터 대학이란 무엇인가, 대학의 본질은 원래 무엇이었던가 하는 물음이 제기되고 있다. 이러한 물음은 어느 나라에서보다도 대학의 반듯한 전통이 미약하여, 공공선公共善에 봉사하는 인문·사회과학적인 교양교육에 앞서 산업의 논리가 지배적인 힘으로 자리 잡은 이 땅의 대학사회에 더욱 절실하다. 이것이 바로 이 글을 발표하는 이유이다.

오늘날 대학의 원형은 파리대학, 볼로냐대학 및 옥스퍼드대학으로 대표되는 유럽 중세 대학까지 거슬러 오르며, 그 이념과 제도 및 구조는 최초의 근대적 대학으로 일컬어지는 베를린대학(1810년 창립)에까지 대체로 이어졌다. 근대 이후 각국의 대학은 대개가 베를린대학을 본받아 형성되었고, 고도기술산업정보사회의 태동과 더불어 나타난 다원적 대학, 즉 멀티버시티에 이르렀다. 이 글에서는 크게 나누어 중세, 근대, 현대라는 세 시기에 걸쳐 대학의 역사에 주동적인 역할을 다한 몇몇 대표적인 대학의 주요한 도큐멘트 내지 기록적인 자료와 그에 대한 해설을 통해 유럽 및 미국의 대학사를 이해하는 데 도움이 되고자 한다.

중세의 부분에서는 중세 대학의 특성 및 제도와 학풍을 이해하는 데 가장 도움이 될, 유럽(중세) 대학의 대헌장으로 일컬어지는, 그레고리우스 9세의 대칙서와 파리대학, 옥스퍼드대학의 학예학부와 신학부의 교과목 등을 다룬다.

근대의 부분에서는 훔볼트에 의해 세워진 베를린대학의 이념, 옥스퍼드와 캠브리지의 칼리지 제도, 그랑제콜을 중심으로 한 나폴레옹의 대학개혁, 미국 하버드대학의 창립이념 등을 다룬다.

이후, 고도기술정보사회에서의 멀티버시티의 태동 및 특성 등을 고찰함으로써 유럽 및 미국 대학의 제도와 본질 및 특성을 밝히고 세계 대학사의 개관에도 도움을 주고자 한다.

이 글은 한국대학교육협의회 『대학교육』 제98·99·100호에 연재한 글을 수정·보강한 것임을 밝히며, 마지막 장인 「대학의 본질과 한국대학의 위상」은 고려대학교 문과대학 설립 60주년 기념 강연(2006. 4. 25.)에서 행한 발표문을 바탕으로 한 것임을 부언한다.

중세의 대학

중세 대학의 자치와 특권

중세 대학의 본질과 특색은 무엇보다도 그것이 '자치'라는 특권을 누린 교사와 학생의 공동체인 점에 있다. 학문에 종사하는 사람들에게 특권을 부여한 역사는 고대 로마법에까지 거슬러 올라가며, 중세 교회법 또한 학자들에게 정신적, 신체적, 법적, 경제적인 여러 특권을 부여하도록 도왔다.

중세에서 학도의 특권을 처음으로 구체적으로 규정한 것은 1158년 황제 프리드리히 1세가 공포한 「면학을 위해 여행을 하는 학생들을 위한 특권」이다. 그 뒤 1194년과 1198년에는 교황에 의해 파리대학에 최초의 특권 및 자치권이 주어졌다. 특히 파리대학을 '지혜의 온상' '그리스도교 전사의 무구武具'로 칭송하면서, 교수 면허권을 지닌 파리 주교좌 칸셀라(尙書)의 권한을 제한하고, 파리대학의 입법권과 강의정지권을 인정하는 한편, 파리의 대주교와 프랑스 국왕에게 학칙과 학도들의 상해傷害, 하숙비에 대한 대학인의 특권까지 요구한 1231년의 그레고리우스의 대칙서大勅書「제학諸學의 아버지」는 대학의 역사에 있어 특히 대학의 '대헌장'으로 불리며 중세 대학의 '자치'와 '특권'의 기초가 되었다. 그리고 그것은 근세 이후에 이르러서도 비유럽 문명권의 경우와 구별되는, 유럽의 고유한 대학공동체와 학문의 자유라는 전통을 뿌리내리게 하였다. 그런 의미에서 대학의 본질을 밝힌 그레고리우스의 대칙서의 전문全文을 소개한다.

그레고리우스 9세의 대칙서

신의 가장 천한 종인 주교 그레고리우스는 사랑하는 자식들인 파리의 교사와 학생들에게 인사와 교황의 축복을 보낸다. 제학의 아버지이자 또 하나의 카리아스 세페르cariath sepher와 같은 학문의 수도인 파리는 밝고 빛나 진실로 위대하며 교사와 학생에게 더욱 더 큰 희망을 갖게 하는 도시이다. 그리고 그곳은 말하자면 지혜의 특별한 일터에서 은의 광맥원이었고, 금을 단련하여 만드는 데 알맞은 곳이다. 그리고 그로부터 신비로운 웅변의 말솜씨를 삼가는 사람들은 은의 벌레먹이 장식을 한 금 귀걸이를, 보석으로 장식된 목걸이를 만들고, 아니 그뿐 아니라 그리스도의 아내를 귀한 보석으로써 장식도 한다. 거기에서는 철이 채굴되고 지상에서의 그 나약함은 견고하게 굳어진다. 그리고 그 위에 하늘의 악마들에 대항하여서는 강력한 믿음의 갑옷이나 영검靈劍, 그 밖의 그리스도교 전사의 무구武具가 제작된다. 그리고 돌과도 같은 굳은 마음이 성령의 열로써 불탈 때, 그 마음에 불이 붙어 울려 퍼지는 설교가 그리스도에의 찬미를 앞지르게 되고, 열에 의해 녹여진 그 철광은 동으로 바뀐다. 그러므로 앞에서 말한 도시에서 이러한 전조가 되는 성스러운 은총을 어떤 방법으로건 방해하고자 하는 자에게 혼신의 흠으로써 공공연히 반대하지 않는 자는 반드시 신과 인간의 노여움을 크게 살 것이다. 그러므로 악마의 선동에 의해 거기에 생겨난 대학을 크게 교란하고 있는 분쟁에 관해, 나는 나의 앞에 제출된 제문제들이 재판의 판결에 의해서보다는 오히려 온건한 법적인 규정에 의해 진정됨이 바람직함을 나의 동료들의 조언에 따라서 결정하였다. 그러므로 학교와 학도의 지위에 관해 나는 다음과 같은 사항이 준수되어야 함을 명한다. 즉, 금후 파리의 칸셀라(주교좌 상서尙書이며 파리대학의 총장격인 관리자 - 옮긴이 주)로 임명되는 자는 누구나 주교 앞에서 혹은 주교의 지령에 의해 파리의 주교좌 성당 참사회에서 서약해야 하며, 거기에는 학도의 조합(파리대학을 말함)을 대표하는 2인의 교사가 입회해야 한다. 칸셀라는 다른 사람들이나 국민단1)에 의한 비준이 폐지되었으므로, 신학 혹은 교회법의 교수 면허를 훌륭한 인사들 이외에는 수여하지 않고 그럴만한 가치가 없는 사람들에게는 거부하겠음을, 그 도시의 상황이나 학부의 명예와 존경에 따라 정해진 시간과 장소에서 양심으로부터 성실히 서약하여야 한다. 그러나 교수 면허를 부여하기에 앞서서 소小면허(학사 학위를 말함)를 수여한 3개월 이내의 진실을 알 수 있는 그 도시의 모든 신학 교사와 다른 존경할 만한 학자들이 있는 장소에서 칸셀라는 그 학생의 생활, 지식, 재능 및 그러한 경우 필요한 장래성이나 성공의 가능성 및 그 밖의 점에 관해 진지하게 규명해야 한다. 그리고 그러한 규명을 한 뒤에 적당하다고 생각하는 데 따라 칸셀라는 신청 받은 교수 면허를 자신의 양심을 걸고 수여 혹은 거부해야 한다. 그리고 그 위에 신학과 교회법의 교사들은 강의를 시작할 때, 말한 여러 점에 관해 성실한 증거를 제공할 것을 모든 이의 앞에서 서약해야 한다. 칸셀라는 또 파리의 학칙, 즉 교사 취임식을 한 뒤에 시행되는 자유와 법규를 전적으로 그대로 지지하고 교사들의 조언을 누설하여 그들에게 피해를 입히는 일은 결코 행하지 않을 것임을 서약해야 한다.

의학자医學者와 학예학자學藝學者(의학부 및 학예학부의 교사를 말함) 및 그 밖의 사람들에 관해서도 칸셀라는 교사들을 성실하게 심사하고 적합하지 않은 자는 거부하고 가치 있는 인사들만을 승인함을 약속해야 한다.

그런데 질서가 없는 곳에는 가공할 사건이 쉽게 침투되

므로 강의와 토론의 방법과 시간, 착용할 의복, 사자死者의 장례 및 어느 학사學士가 언제 어떤 주제에 관해 강의해야 하는가, 하숙비 혹은 하숙비의 금지 등에 관한 정당한 규약이나 법령을 작성하고, 그 규약이나 법령에 복종치 않는 자를 제군들의 조합(대학을 말함)에서 제명함으로써 정당하게 처벌한다는 권능을 나는 제군들에게 부여하기로 했다. 그리고 만약에 이따금 하숙비를 책정하는 권리가 제군들로부터 박탈되거나 혹은─ 그런 일은 신이 허용치 않으리라고 기도하는 바─ 살해되거나 수족이 상처받게 될 경우 지당한 배상을 받을 때까지 강의를 정지하는 일이 제군에게 허용되어야 한다. 그리고 만약 제군들 중의 누군가가 불법으로 투옥될 경우, 항의해도 석방되지 않는다면, 제군은 만약 그것이 적당하다고 여겨지면 즉각 강의를 정지해도 좋다.2) 그 뒤에 더욱 학생들의 명예가 유지되고 죄가 처벌되지 않는 일이 없도록 파리의 주교가 위법자들의 불법 행위를 처벌하도록 나는 명한다. 그러나 위법자들로 인해 죄 없는 사람들이 고통을 받아서는 안 되며, 아니 그뿐만 아니라 누군가에 대해 그럴듯한 의혹이 생겼을 때 정중한 구류 뒤 적당한 보석금을 제출하여 그는 석방되어야 하며 교도소 간수의 강요는 끝나야 한다. 그러나 만약 투옥될 만한 죄를 범한 경우, 칸셀라는 그 자신의 감옥을 갖는 것이 전혀 금지되어 있으므로 주교가 그 죄인을 투옥해야 한다. 나는 또 학도들이 그가 진 빚 때문에 체포됨을 금후에는 금한다. 왜냐하면 그것은 교회법이나 법적 제재에 의해 금지되어 있기 때문이다. 그러나 주교나 그의 교구 재판장 그리고 칸셀라도 파문이나 그 밖의 징벌을 해제하는 대가로 벌금을 요구하거나 칸셀라라고 할지라도 교수 면허 자격자들에게 서약이나 복종 및 그 밖의 서약을 요구해서도 안 되며, 또 칸셀라는 앞에 기술한 서약의 제조건을 준수하고 교수 면허를 수여하는 대가로 직책에서 오는 이익이나 약속을 받아서도 안 된다.

그리고 그 위에, 앞으로 여름 방학은 1개월을 넘어서는 안 되며 방학 중이라도 학사들은 만약 그들이 원한다면 강의를 계속해도 좋다. 그리고 학생은 무기를 휴대하고 거리를 배회해서는 안 되며 대학은 평화와 학문을 교란하는 자들을 변호해서도 안 됨을 나는 명백히 명한다.

그리고 학생인 체 하면서 수업에도 안 나가고 교사 지도도 안 받는 자는 학도의 특권을 결코 향수할 수 없다.

나는 또 학예(학부)의 교사들은 프리스키아누스(6세기 초의 라틴어 문법학자)의 정규 강독 하나와 그 뒤 또 다른 하나의 강독을 언제나 청강해야 하며, 어떤 이유에서건 관구管區 회의에서 금지된 자연학의 서적이 오류가 있다는 의문이 해소될 때까지 검토되거나 사용되어서는 안 됨을 명한다. 또 신학의 교사와 학생은 그들이 교수하는 학부에서 칭찬받도록 스스로를 연마하고, 자신이 철학자임을 표시하지 말 것[3]이며, 신을 이해하도록 노력해야 한다. 또 그들은 자기 나라 말로 이야기하거나 히브리의 민중어를 아스테카어와 혼동해서는 안 되며 학교에서는 신학의 저작이나 교황들의 논저에 의해 해결할 수 있는 문제에 관해서만 토론해야 한다.

또 유언장을 만들지 않고 죽거나, 자기의 일들의 시중을 타인에게 위탁하지 않는 학생의 재산에 관해 나는 다음과 같이 규정지었다. 즉, 주교와 대학은 그것을 위해 1인의 교사가 고인의 전 재산을 수령하고 그것을 엄연히 안전하고 적당한 곳에 맡겨 날을 정하여 그때까지 그의 사망이 그 출생지에서 알려지고 그 재산의 상속인이 파리에 오든지 혹은 적당한 사자使者를 대리로서 파견할 수 있도록 해야 한다. 그리고 만약에 그들이 오든지 사자를 보내든지 하면 그 재산은 정해진 안전보장을 통해 그들에게 반환되어야한다. 그러나 만약 아무도 나타나지 않는다면 그때에는 주교와 교사가 적당하다고 여겨진 대로 재산을 고인의 영혼을 위해 사용해야 한다. 그러나 때마침 상속인이 정당한 이유로 인해 올 수 없을 경우에는 바람직할 때까지 그 처분이 연기되어야 한다.

그러나 파리시가 서약을 파괴하여 위해와 손해를 입은 교사와 학생들은 이미 그 대학을 떠났기에 그들 자신의 소송 사실보다도 오히려 공통의 소송 사실을 신청한 것으로 여긴다. 나는 교회의 일반적 필요성과 유용성을 고려하여 다음과 같이 명한다. 즉, 금후 이들 특권이 우리 그리스도의 가장 총애하는 아들인 영광스러운 프랑스 국왕에 의해 교사와 학생들에게 제시되고, 벌금이 그들의 가해자들에게 과해져야 한다. 그렇게 되면 그들은 더 이상 주저하거나 다시 오명을 뒤집어쓰거나 강의를 받는 것이 불규칙해지는 일 없이 파리에서 합법적으로 면학할 수 있게 된다. 그러므로 나의

규정과 법령 및 금제禁制의 이 문서에 위반하거나 경솔히
반박하거나 하는 행위는 누구에게도 허용되지 않는다. 만약
에 누구라도 감히 그렇게 마음먹는다면 그는 전능의 신과
성스러운 사도인 페테로와 파울의 노여움을 사리라는 것을
그에게 알릴지어다.
　　　　-나의 교황직 제5년 4월 13일 라테라노 궁정에서 작성

〈토론〉과 담론의 학풍

　자치의 특권과 더불어 중세 대학의 또 하나의 본질이요 특
색을 이루는 것은 '담론(談論, discourse)'의 학풍이다. 중세의 대
학은 교사가 정해진 텍스트(교본)를 구술하고 해설하는 <강
의> 과목 이상으로 <토론> 과목을 중시하였다.

　토론은 우선 교사가 주제를 미리 정하고 널리 알린다. 그
주제의 전개에 대해서는 토론에 참가한 교사나 학사 소지자(졸
업생) 그리고 학생도 이의異議를 제기할 수 있다. 토론을 청한
교사는 '이론異論' 제기에 대해 자기의 해답으로 응수하고 결
론까지도 내린다. 그 결론에 대해서도 반대 의견 내지 비판이
제기된다. <토론>의 모든 진행은 빠짐없이 기록되며 그 중
요성은 결론이 무엇이냐에 있지 않고 토론 그 자체의 과정과
해법에 의미를 찾는 데 있다. 당시의 모든 학습의 방법론은
'원문 읽기'로부터 시작하여 '질문'을, '질문'으로부터 '토론'
을 이끄는 방법이다. 그럼으로써 학생들로 하여금 스스로 인

식하고 생각을 개발하여 그 생각을 자신의 언어로 표현하는 변증법적인 지적 훈련으로 유도한다.

<토론>의 중요성은, <강의>가 대체로 강사들에 의해 행해진 데 반해 <토론>은 반드시 정교수의 주도에 의하고 또한 모든 정교수가 연 2회 '자유 토론' 즉 공개 토론을 주재해야 했던 사실에서도 잘 드러난다. 고위 성직자까지도 포함하여 많은 시민들의 참관 속에서 이루어진 이 공개토론은 대학 도시의 중심 광장에서 열리고 교회의 문제 혹은 현실 정치 문제 등 미묘한 주제가 상정되기도 하였다. 다른 문명권의 학풍에서는 볼 수 없는 유럽 중세 대학의 <토론>의 학풍은 근대 이후 그대로 <세미나(연습)>에 이어지고 '담론' 공동체로서의 대학의 학풍을, 그에 더하여 담론하는 유럽의 지적 풍토를 또한 발전시켰다. 이러한 토론하는 학풍, 논의하는 지적 풍토를 선구적으로 뿌리내리게 한 인물이 바로 중세 최고의 자유사상가인 아벨라르였다.

'필경 학문에 대한 사랑에 유인되어' 귀족 신분을 버리고 배움의 길에 들어선 아벨라르(1079~1142)는 무엇보다도 논의를 즐긴 '변증법의 투사'이며, 그리하여 그는 신학자이기보다도 진실을 끝없이 묻는 철학자이며 교회의 도그마(교리)에 항거한 이단자였다. 단순한 강의용 교본과는 판이한 유럽 최초의 방법론 서술이라고 할 그의 저작 『가피와 부좀 *Sic et non*』(1122)를 통해 아벨라르는 그의 학생들을 무엇보다도 묻는 방법, 교수 방법에 눈뜨게 하였다. 아래와 같이 여기에는 14항목을 예시했

으나 원래 158개 항의 중요한 도그마에 관해 교부들의 입장을 '가와 부'로 나누어 제시하고 그 해법을 학도들로 하여금 스스로 찾게 한 『가와 부』는 원래 신성모독 내지 금기였어야 할 신과 믿음을 둘러싼 문제까지도 권위가 아닌 논증이나 이성에 의해 진리를 탐구한다는 아벨라르의 이단적 인상마저 풍기는 대담한 진면모를 잘 드러내고 있다. 담론의 학풍을 누구보다도 앞서서 지향한 이 유럽 '최초의 교사'(르 고프)는 또한 최초의 근대적인 지식인이었다고 할 것이다.

아벨라르의 『가와 부』

· 인간의 신앙은 이성에 근거해야 하는가, 아닌가?
· 신은 단일單一한가, 아닌가?
· 제1시편은 그리스도에 관한 것인가, 아닌가?
· 죄는 신에게 바람직한 것인가, 아닌가?
· 신은 악의 창조자인가, 아닌가?
· 신은 전능한가, 아닌가?
· 신에 저항할 수 있는가, 아닌가?
· 신은 자유의지를 지니고 있는가, 아닌가?
· 최초의 인간은 악마에 의해 죄를 범하도록 설득되었던가, 아닌가?
· 아담은 구제되었던가, 아닌가?
· 요한 이외의 모든 사도는 아내를 갖고 있었던가, 아닌

가?

　•그리스도의 살과 피는 제단의 사크라멘트(聖事) 속의 사실로 존재하는가, 아닌가?

　•우리들은 때때로 본의 아니게 죄를 범하는가, 아닌가?

　•숨어서 죄를 범하기보다도 공공연히 범하는 것이 나쁜가, 아닌가?

학부 중심의 중세 대학

'학부(facultas)'는 대학의 교육과 연구의 중심기관으로서 그 명칭은 1219년의 교황 교서에 처음으로 나타난다. 대학 성립의 초기인 13세기에는 2~3개의 학부만의 대학이 많았으나 차차 4개 학부 즉, 7자유학예를 교수하고 연구하는 하급(기초) 학부인 학예학부 그리고 신학부, 교회법 학부(법학부) 및 의학부의 세 상급 학부로 구성되었다. 이 4개 학부 체제는 대체로 19세기 말까지 답습되었다.

학부는 각각 학부장(decanus)에 의해 통괄되었다. 유럽 최초의 대학으로 쌍벽을 이룬 이탈리아의 볼로냐대학이 법학부 중심의 대학인 데 비해 파리대학은 신학부 중심이었다. 이 글에서는 파리대학의 신학부에 관해 대학사의 고전인 라쉬돌의 『중세 유럽 대학』(1936)에 의거하여 서술하고자 한다. 중세에 있어 모든 학문이 '신학의 하녀'라고 일컬어지듯 신학과 신학부의 존재는 대단했다. 신학부는 파리대학에서는 물론 그것을 본받아 창립된 옥스퍼드를 비롯한 알프스 이북 유럽의 많은 대학에서 중심 학부였다.

파리대학의 신학부

파리대학의 신학부는 13세기 이래 교황에 의해 '주主의 집의 빛나는 등불'로서 특별한 배려와 독점권을 부여받았다. 그리하여 볼로냐대학까지도 포함하여 모든 대학이 오랫동안 신학부를 갖지 못했다. 그리고 파리의 신학부 교수는 16세기의 종교개혁에 이르기까지 가톨릭의 공公회의에서 언제나 상석권上席權을 차지했다. 중세기 파리대학이 지녔던 종교적·정치적인 강한 위상과 그 영향력은 그것이 유럽 최대의 신학부를 지닌 점에서 유래된 것이었다.

신학부 학생의 대다수는 수도원 학교, 성당에 종사한 대학 출신자의 자제였다. 그들은 6년간 수학했으며 그중의 4년간은 성서 강의를 받고 나머지 2년은 12세기의 스콜라 학자인 론바르두스의 『명제집命題集』 강의에 출석했다. 다른 학부와는 달리 6년간 배우는 교본이 성서와 『명제집』뿐이었던 것이다. 6년간 수학한 뒤 신학생은 나이가 26~27세가 되어야 한다는 조건과 규정된 강의에 충분히 출석했다는 증명을 갖고 학부의 교사단 앞에서 자기의 '제1코스' 즉 학사 학위를 신청할 수 있었다. 마지막 학위 코스인 박사 학위는 35세가 되어야 신청할 수 있었다.

교사 4인의 시험관에 의한 시험에 합격되면 학부장으로부터 정식으로 학사 학위를 받고 제1코스 강의를 할 수 있는 자격을 허용 받는다. 그러면 제일 먼저 성서의 한 권에 관해 강의를 한다.

신학생 중에는 성당이나 수도원에 속한 성직자가 적지 않았으며 재속在俗 신학생은 대체로 학예학부의 교사이기도 했다. 신학 학위 지망생에게는 토론, 연습, 논문과 함께 설교도 요구되었다. 신학생은 소르본느 칼리지에서 볼 수 있듯이 우선적으로 칼리지 입사入舍의 특전 등 다른 학부 학생에 비해 여러 혜택을 누렸다.

모든 대학에서 신학부 출신자는 많지 않아 그들은 졸업한 뒤 쉽게 취업할 수 있었다. 그들은 알프스 이북에서 특히 급여가 좋았던 성직 이외에도 국왕이나 유력한 귀족의 관리·외교관·비서·고문·의사·건축가 및 법률가로서 거의 모든 전문직에 종사했다. 성직은 바로 직업과 동의어를 의미하는 것이었다. 그런데 대개가 귀족 가문 출신인 고위 성직자는 신학부가 아닌 교회법 학부 출신이 많았다.

신학부 교사들은 다른 학부 교사들과 마찬가지로 강의는 실제 교사인 배첼러 즉 학사 학위(B.A.) 소지자들에게 위임하고 그들 자신은 토론, 시험 및 그 밖의 집회만을 주재하였다. 그들은 다른 학부의 교사들에 비해 학내외에서 여러 직책을 맡았고 대학의 실질적인 대표자는 대성당의 명성 높은 설교자였으며, 그 교직은 고위 성직에 이르는 예비 단계로 여겨졌다.

한편 중세 전체를 통해 서적 검열은 교황의 특명에 따라 파리대학의 신학부에 의해 전적으로 집행되었다. 이 점에서도 파리대학의 신학부는 가공할 권력을 소유하였다.

옥스퍼드의 학예학부 및 신학부의 교과목

학예학부는 오늘날의 교양학부로서 기초 학부(하급 학부)이다. 그러나 중세 대학에서 그 학부장은 대학 전체의 장이었다. 교사나 학생이 어느 학부보다도 월등히 많았던 까닭이다.

학예학부의 학과목은 7자유학예 즉, 문법·수사학(변론술)·논리학·산수·기하학·음악·천문학 등 교양과목이다. 그것을 '자유학예(art liberales)'라고 함은 그것이 '자유인(liber)'을 위한 '학예(arts)'이며 '교양'이기 때문이다. 학문과 교양을 갖춘 사람은 그렇지 못한 사람과 구별되어 '자유인'으로 불리며 대접 받았다.

7자유학예는 고대 그리스-로마 시대의 교육과정을 이어 받아 5세기 이후 중세 교육의 기본이 되고 근대 이후에도 교양학부 혹은 철학부에서 그 전통이 훌륭히 계승되어 유럽 대학을 일종의 교양 공동체로서 발전시켰다. 다시 강조하는 바, 중세에서 굳건히 뿌리를 내린 유럽 대학의 특색은 대학이 자치와 담론의 공동체이며 학예학부의 존재가 상징하듯이 교양 공동체인 점에 있다.

학예학부의 교양과목 학습 수준은 오늘날의 중등학교 수준에 지나지 않았다. 초·중·고등 과정이라는 제도적인 교육체

계가 결여된 중세에는 수도원학교나 성당학교에서 7자유학예의 교육을 받고 라틴어의 초보 지식이 갖추어지면 대학의 학예학부에 입학할 수 있었기 때문이다. 그리하여 학생의 연령도 대개 13~16세 정도였다. 학예학부를 이수한 뒤에 진학하게 되는 신학부·의학부·법학부 등 상급학부 학생은 20대나 30대였다.

모든 강의와 토론은 당시 교회의 언어이며 법정과 관공서의 언어이자 학식자의 공용어였던 라틴어로 진행되었다. 가장 중요한 학과목은 그리스-로마시대와 마찬가지로 논리학(변증법)과 수사학이었다.

학예학부의 교사들(아직 '교수'라는 용어가 없었다)은 학사 학위를 받은 뒤 20세가 넘으면 교사가 될 수 있었으므로 비교적 젊었으며 그들은 초급학교 교사나 교장을 겸임하는 경우가 적지 않았다. 당시 대학의 모든 교사는 학생과 마찬가지로 교회로부터의 급여, 즉 성직록聖職祿을 받는 성직자 신분이었으므로 그들은 독신을 지켜야 했다.

교사들은 학식자로서 사회적 존경을 받았으나 그들 중에는 직무에 태만한 자와 학식이 미급한 자도 적지 않았다. 그리고 특히 젊었던 학예학부 교사들은 학생과 사제지간이라기보다도 형제나 동료와도 유사하여 때때로 함께 놀이를 즐기거나 난행亂行을 저지르기도 했다.

그러면 학예학부에서는 무엇을 배웠을까? 전통적으로 교양교육을 자랑하는 옥스퍼드대학의 학예학부와 신학부의 교과목을 살펴보자.

학예학부의 교과목

학예학부에서 문학사(B.A.) 학위를 받기 위해서는 4년간 수학해야 하며 <강의>와 <토론> 과목과 함께 2, 3학년생은 적어도 1년간 광장에서 행해진 '토론'에 참가한 경험이 있어야 했다. 이수 교과목과 그 교본은 4세기 중엽 라틴어문법 학자인 도나투스의 『야만스러운 어법』, 그리스 철학자 포르피리오스의 중세의 표준적인 논리학 교본인 『아리스토텔레스의 범주론 입문』, 11~12세기 신학자 포레의 『6개의 원리』, 아리스토텔레스의 『소피스트적 강변』, 산술, 부활제의 산정법, 소정 강의로서의 신구 논리학, 그 외에도 '질문'에 응답하는 일이 포함되었다.

학예학부의 교수 면허 및 교수 취임을 위해서는 3년의 수학이 더 필요하고, 토론 재정裁定을 허용 받은 일이 있고, '아리스토텔레스 저작의 강의'가 허용되며 그에 대해 강의한 경험이 있어야 했다. 또한 아우구스티누스의 저작에 관해 응답하고 그 밖의 일정수의 토론에 참가한 경험이 요구되었으며, 문학사 취득을 위한 강의에 더하여 다음과 같은 7학예학과 철학 세 과목을 청강해야 했다.

• 문법 – 프리스키아누스의 라틴어 문법서 『문법(대문법 혹은 소문법)』(1학기간)

· 수사학 - 아리스토텔레스『수사학』(3학기간) 혹은 보에티우스『수사·문예학』(제4권) 혹은 키케로『신수사학』, 오비디우스『변신보』혹은 베르길리우스『시학』

· 논리학 - 아리스토텔레스『명제집』(3학기간) 혹은 보에티우스『수사·문예학』(처음의 3권) 혹은 아리스토텔레스『분석학 전편』혹은『수사·문예학』

· 산수 - 보에티우스(1학기간)

· 음악 - 보에티우스(1학기간)

· 기하 - B.C. 3세기 그리스 기하학의 대성자 에우클레이데스, 혹은 10~11세기 아랍계의 수학자 알하젠(2학기간) 혹은 13세기 독일의 스콜라학자 비텔로『원근법』

· 천문학 -『유성론』(2학기간) 혹은 프톨레마이오스『천문학대전』

· 자연철학 -『자연학』『천계天界·세계론』(3학기간) 혹은『기상론』혹은『식물론』혹은『생명원리론』혹은『동물론』혹은『자연학 소론집』(이상 모두 아리스토텔레스의 저작)

· 도덕철학 -『윤리학』『경제학』『정치학』중 하나(3학기간, 이상 모두 아리스토텔레스의 저작)

· 형이상학 - 아리스토텔레스『형이상학』(2학기간)

신학부의 교과목

학예학부의 학사 학위를 받은 뒤 신학부에 입학한 신학생이 석사 학위(M.A.)를 받기 위해서는, 다시 말해 졸업하려면 4년 내지 5년간의 수학이 요구되고 그간에 3년간 성서강의의 청강과 론바르두스『명제집』을 이수해야 했다.

『명제집』을 강의하는 자격을 취득하는 신학사(B.D.) 학위 취득을 위해서는 M.A. 취득자의 경우 2년 더 즉, 합계 6~7년을 수학해야 했다. 그간 몇 회에 걸쳐 토론의 <반론연습>을 이수했다.

교수 면허 즉 박사 학위(Dr.)를 취득하기 위해서는 2년 더 수학하는데 그간의 이수 과목은 아래와 같다.

· 성서와『명제집』에 관한 강의 경험
· 성메아리교회에서의 설교 연습
· 학위가 없는 반론자 상대의 8회의 응답 연습
· 모든 성직의 신학 교수와의 '반론자로서의' 토론
· 『만과집晩課集(베스페리아어)』의 이수

'유니버시티' 명칭의 유래

오늘날 '대학'을 뜻하는 'University, Université, Universität'는 라틴어의 'Universitas'에서 유래된다. 그러나 중세에 이 '우니베르시타스'는 원래 단순히 다수, 복수, 사람의 집합체를 뜻했다. 보다 전문적인 의미에서는 합법 단체, 법인 단체를 의미했다. 12세기 말, 13세기 초에 이르러 이 말은 교사나 학생들의 조합에 적용되었다. 그러나 그것은 다른 여러 단체 특히 길드(상인이나 장인의 조합)나 자치도시에도 오랫동안 적용되었다.

그런데 이 말은 처음에는 결코 독립되어 사용되지 않았다. 그것은 '학생의 조합(universitas scholarium)' '교사의 조합(universitas magistorum)' 등의 용어로 쓰여진 것이다. 그런데 이러한 용어가 중세에는 교사나 학생의 연구하는 집단을 지칭할 뿐, 그러한 집단이 존재한 장소 혹은 공동의 학교건물들을 지칭하는 것이 아니었음은 특히 유의해야 할 것이다. 오늘날과 같이 아카데믹한 기관을 뜻하는 말은 오히려 'studium'이었다. 그리고 중세에서의 오늘날의 '대학'의 개념에 가장 가까운 표현은 'studium generâle'이다.

'우니베르시타스'와 '스투디움' 혹은 '게네랄르 스투디움'과의 구별이 없어지고 그것이 동의어가 된 것은 15세기에 이르러서이다. 그 뒤 학문의 모든 영역의 종합적 연구를 뜻하는 'universitas literarum'과 같은 근대적인 해석을 보충하여 오늘날의 '대학'의 개념이 뿌리를 내렸다.

근대적 대학의 탄생

하버드대학의 창립과 그 학풍

미국 최초의 대학인 하버드대학의 전신인 하버드 칼리지는 아메리카의 독립 선언(1776)에 훨씬 앞서서 뉴잉글랜드 지방 상류계층의 여망에 따라 주 의회의 결의를 거쳐 1636년에 세워졌다. 그 창학 이념은 주 총회가 부여한 인가장(Charter)에 잘 명기되었다.

'이 나라의 영국계 및 인디언 청년에게 모든 훌륭한 문

학·예술·과학의 현상과 지식 그리고 신앙을 가르친다.'

그리고 창립 이래 오늘에 이르도록 대학 정문에는 다음과 같은 명문銘文이 새겨져 있다.

'학문을 성대히 해 후세에 전할 것이며, 무식한 성직자를 교회에 남겨서는 안 된다.'

이렇듯 지식과 신앙의 일치, 그 바람직한 조화를 통해 교양 있는 '기독자의 신사'를 육성하는 것이 하버드의 창학 정신이며 목적이었다. 그 창립자들과 그들을 뒷받침한 뉴잉글랜드의 상류계층에는 특히 영국 캠브리지대학 출신자(약 100명, 옥스퍼드 출신자는 그 3분의 1)가 많았다. 그리하여 그들은 대학을 세운 '뉴타운'의 지명을 '캠브리지'로 개명하기도 했다.

식민지하에 세워진 모든 칼리지(지금의 컬럼비아대학은 예외)와 마찬가지로 하버드 또한 특정 종파의 학교였으며 청교도 특히 그 조합파의 대학이었다. 다른 종파와는 달리 청교도, 그 중에서도 조합파는 특히 학문을 존중하여 식민지하에서도 그 목사의 95%가 영국 대학의 학사 학위 소지자였다. 이러한 사실은 하버드나 뉴잉글랜드의 지적 풍토에 극히 바람직한 영향을 주었다. 종파에 의해 세워졌다고 하나 하버드는 그 성립에서부터 일관하여 특정한 종파로부터 자유로웠으며 캠브리지대학을 본받아 자유학예의 교양교육, 인문주의적인 학풍을 중시하였다.

> "나의 장서와 나의 재산의 절반은 칼리지에, 나머지 절반은 사랑하는 아내에게."

영국에서 태어난 캠브리지대학 출신의 청교도주의 젊은 목사인 존 하버드(John Harvard, 1607~1638)의 유언에 따라서 기부된 780파운드와 320권의 장서를 기본 재산으로 탄생된 하버드 칼리지의 개교 때 교사는 단 1인, 학생은 4인이었다. 그리고 초기 30년간 총 300명의 졸업생을 배출하였으며 그들의 대다수는 목사와 입법기관의 고위직의 자제들이었다.

오늘날 하버드의 교수는 엘리트 중의 엘리트이나 초창기의 교수들은 '튜터(tutor)'로 불리는 지도교사로서 대개가 20대 전반의 미혼남이었다. 대개가 10대인 학생과 더불어 학사學舍 즉, 칼리지에서 거주한 그들은 학식자도 전문직도 아니었으며 당시의 모든 교사들처럼 하버드의 교사들도 가난하고 사회적으로 인정받지 못했다. 그들의 본래의 바람은 교수직이기보다 목사직이었으며 그 기회가 주어지면 언제나 하버드를 떠났다. 단지 2~3인의 '튜터'로 교사를 충당한 어설픈 상태가 1세기 이상 지속되던 하버드에 처음으로 '교수'가 나타난 것은 1722년에 이르러서였다. 한편, 3년 과정인 칼리지 초기의 교과목은 일반 교양 과목과 철학(자연학·윤리학·형이상학) 및 고

전문학이었다.

하버드는 특정한 종파에 의해 세워진 종립宗立 학교이며 성직자 양성을 주요 과제로 삼았으나 18세기에 들어서면서 옥스-브리지에 앞서서 이미 자유주의적인 학풍이 뿌리를 내렸다. 그 과정에서 보수파와 진보파로 나누어진 신학상의 대립이 나타나고, 진보파에 밀린 보수파의 일부는 하버드를 떠나 뉴헤븐에 '교회와 정부의 공직을 맡을' 인재 양성을 표방하여 예일대학을 세웠으니(1701), 하버드와 나란히 명문 중의 명문인 예일은 원래 하버드의 자매교이며 그 분신인 셈이다.

자유주의적인 진보파 개혁파의 승리는 하버드에 다양성의 원리를 도입하고 그 자유로운 학풍은 뉴잉글랜드의 지적 풍토에 새 바람을 일으켰다. 그리하여 하버드는 미국이 퓨리턴의 시대로부터 계몽주의 시대로 옮겨가는 전환의 선두에 섰다.

이미 1673년에 제4대 학장인 옥크스는 하버드를 가리켜 "교회와 정치를 다스릴…… 유능한 기관"으로 선명한 바가 있었고, 하버드는 종파를 떠나 아메리카 최고 학부의 긍지를 갖게 된 것이다. 하버드의 18세기는 평신도인 존 레브레트의 총장 취임(1708)에서 비롯되었다. 16년에 걸친 그의 재임 기간은 아메리카 식민지가 평화와 번영을 누린 시대로, 이를 배경으로 하버드는 크게 발전하였다. 급격히 증가한 학생의 출신 성분은 상류 엘리트층인 신사계층을 중심으로 일반 서민층에 이르기까지 다양해졌으며 종래 '예언자들의 자식들'로 불리운 학생들을 레브레트는 '하버드의 자식들'이라고 불렀다. 종립

대학의 성격으로부터 점차 자유로워져가고 있었던 것이다.

젊은 신사 양성의 교육은 '사람됨'의 교양을 교회의 도그마 (교리) 이상으로 중요시하였고, 학생들은 성서보다도 당시 영국 지식사회를 풍미한 문학적인 『스펙테이터』지誌를 애독하였다. 보수적인 구세대는 학생들의 '난행'의 원인을 '극, 소설, 서푼짜리 시'를 찾는 학생들의 취향에 찾았다. 그러나 그러한 보수주의적 시류 속에서도 '사색하는 자유'의 이상은 보수-진보파를 가리지 않고 존중되었다. 이 '사색하는 자유'와 관련하여 레브레트 총장은 1711년에 다음과 같이 언명하였다.

철학적인 사항에 관해 하버드인은 시대에 발맞추어 건전하고 진보적으로 사색한다. 그들은 자연과학과 마찬가지로 논리학에서도 회의적이거나 독선적일 수 없다. 인간에 관한 모든 것은 주저 없이 철학적으로 규명되어야 한다. 그러나 동일한 자유는 신학자들에게는 허용되지 않는다.

이 '위대한 총장'의 시대에 '하버드대학의 자유주의적 전통'이 뿌리를 내렸으며, 어느 목사는 "우리들의 이 작은 칼리지만큼 자유로운 공기를 자랑할 수 있는 교육의 터전은 없다"라고 자랑스럽게 기뻐하였다. 그리고 그간 하버드가 모범으로 섬겼던 옥스-브리지의 양 대학은 하버드를 자신들과 동등하게 대접하였다. 하버드는 명문 대학의 반열에 당당히 선 것이다.

하버드 출신으로, 미국 제2대 대통령이었던 존 아담즈

(1797~1801)가 젊었을 때 "보스턴의 자치 집회와 우리의 하버드대학은 이제 바야흐로 세계를 움직이기 시작하였다"라고 언명한 것도 같은 무렵이었다. 그러나 칼리지의 교수들은 여전히 학구적인 전문직, 다시 말해 학문의 연구자로서 평가받지 못했다.

하버드가 진실로 미국, 나아가 세계적인 대학으로 각광을 받게 되는 것은, 낡은 칼리지의 튜터 제도에서 벗어나 베를린대학으로 대표되는 독일 대학의 연구 방식을 도입하고 명실 공히 '유니버시티'로 발전하는 커클랜드 총장 시대(1810~1828)에 이르러서이다. 하버드의 역사에, 아니 미국과 세계의 대학사에 신기원을 이루는 법학전문대학원(Law School) 및 과학전문대학원(지금의 Laurence Scientific School)의 신설(1847)은 바야흐로 하버드로 하여금 학문과 과학 연구를 위한 '연구 종합대학'으로 혁신하도록 하였으니 이제 학문 연구에 있어 '언제나 앞장 서는' 하버드의 시대가 열린 것이다.

전문대학원의 창설은 미국 학계에 새 지평을 활짝 열었다. 최초의 미국적인 지식인으로 일컬어지는 에머슨은 1837년 그의 모교인 하버드에서 「미국적인 학자」라는 주제의 연설을 한 바, 그것은 유럽 학문과 대학으로부터의 미국의 학문과 대학의 해방을, 그 독립선언을 의미하였다.

미국이 세계 어느 나라보다도 앞서 산업사회에 진입하면서 각 분야에서 전문직을 요구하는 소리가 높아졌다. 그러한 사회 상황에 맞추어 하버드를 본받아 많은 대학에 대학원4)이 생겨났다. 그것은 전문직의 판도를 다양하게 바꾸어 놓았다. 하버드의 경우, 1801~1857년에 걸쳐 졸업생 중의 31%가 법률가인 데 비해 목사는 15%였다. 이 수치는 꼭 100년 전 목사가 45%, 법률가가 5%였다는 수치와 좋은 대조를 이룬다. 하버드는 칼리지 시대를 벗어나서 '유니버시티' 시대에 들어서면서, 학문 연구와 엘리트 전문직을 배출하면서 이제 '공화국 속의 공화국, 교회를 초월한 교회, 모든 계층으로부터 선택된 계층의 대학이 되었다.

오늘날의 하버드는 명문 중의 명문, 세계 제1의 대학이다. 2007년 『더 타임스』가 선정한 세계 200개 대학 순위 중 상위 10위에 속하는 대학은 다음과 같다.

1. 하버드대(미국)
2. 캠브리지대(영국)
3. 옥스퍼드대(영국)
4. 예일대(미국)
5. 임페리얼칼리지(영국)
6. 프린스턴대(미국)
7. 캘리포니아공대(CALTEC, 미국)
8. 시카고대(미국)
9. 유니버시티칼리지(영국)
10. 매사추세츠공대(MIT, 미국)

그 평가 기준으로 『더 타임스』는 '동료 평가(Peer Review)'(40%), 교수 1인당 논문 인용도(20%), 교수 대 학생 비율(20%), '국제기업의 대학평가(Recruiter Review)'(10%), 외국인 교수 비율(5%), 외국인 학생 비율(5%) 등을 잡고 있다.

참고로 30위권에 든 아시아권의 대학은 도쿄대(17위), 홍콩대(18위), 베이징대(36위)이며, 우리나라의 서울대는 51위, KAIST는 132위로 평가받고 있다. 여러 권위 있는 기관에서 대체로 매해 행해지고 있는 세계 대학 평가 순위는 해마다 약간 이동이 있으나 하버드대학의 제1위 순위順位는 거의 요지부동인 듯하다. 어느 대학사가는 훌륭한 대학을 만든다는 것은 훌륭한 국가를 만드는 것 이상으로 어렵다고 하였다. 무엇이 오늘의 하버드를 만들었을까? 미국의 부강이나 그 자유롭고 개방된 민주주의 체제에서 기인하는 것일까? 대학의 방대한 규모와 그 엄청난 재정적 풍요, 대학의 잘 짜여진 관리 체제 등 이 모든 것이 오늘의 하버드를 만드는 데 적지 않게 기능하였을 것이다.

여기서 잠깐 미국 대학의 재정적 규모에 관해 살펴보자. 2004년 하버드대학의 기부금 누적액이 226억 달러(약 25조8000억 원)에 달하며 예일대와 텍사스대, 프린스턴대와 스탠퍼드대도 100억 달러를 넘는다. 같은 해 한국의 총 교육예산(26조5000억 원)에 가깝다. 하버드의 등록금은 평균 2만6000달러, 대단한 금액이다. 그러나 하버드는 2004년부터 부모 소득이 연 4만 달러 이하인 학생에게는 등록금을 면제케 하였다. 막대한 대학 기금의 덕택이다.

그러나 한편으로 하버드의 문리대학원 원장을 지낸 로소프스키 교수는 하버드의 경쟁력의 원천으로 특히 미국 대학의 '경주競走'의 학풍과 더불어 학생 및 교수의 자질을 강조한 바 있다.

옥스퍼드대학의 부총장(총장은 명예직에 불과하다) 존 후드는 2006년 11월 미국 명문 대학의 경영 방식을 도입하여 기금을 증대하고 교수 평가를 철저히 하는 등 옥스퍼드의 개혁안을 교직원 총회에 올렸다. 그러나 뉴질랜드 출신 부총장이 제기한 그 개혁안은 큰 표 차이로 부결되었다. 교직원 총회는 1985년에 마거릿 대처 당시 총리에 대한 명예박사 학위 수여 안건을 부결한 바 있다. 대처가 경쟁 개념을 도입한 신자유주의적 교육 개혁을 추진했다는 이유에서였다. 존 후드의 개혁안에 대한 교수들의 반대도 격심했다. "세계 최고 수준의 학문 업적인데 왜 자랑스러운 전통을 뒤집고자 하는가!" "옥스퍼드에서 민주주의가 사라지고 독재가 초래될 것이다." 그러나 학생들은 막대한 대학 적자(약 145억 원)의 해소, 교육 환경의 개선을 바라며 개혁안에 동의하였다. 옥스퍼드는 당시 하버드와 캠브리지에 이어 세계 3위의 대학으로 매겨졌다.

하버드의 명문다운 특색은 엄밀하고도 훌륭한 학생 선발시스템에서도 들어야 할 것이다. 그것은 고교 성적, 논문 테스트, 면접, 고교 추천서 등 참으로 다양하게 이루어지며 그리고 학급 편성도 이상적으로 다양하게 배려된다. 하버드의 '(학생) 선발 심사부'에는 언제나 25인 이상의 전문 심사원이 있고 그 부서의 연간 예산만 200만 달러에 이른다. 이렇듯 하버드는 학생 교육이나 교수 선발만큼 신입생 선발 문제를 거교적으로 중요시한다. '학부 즉 교양교육'이라는 하버드를 비롯한 아이비리그 9개 명문 대학의 교양 중심의 학생지도와 학풍, 그리고 인문학·사회학·자연과학이 삼위일체를 이루고 비판적이며 독창성을 기르는 '담론' 중심의 학풍도 교수 연구 업적에 못지않게 하버드를 세계 제일의 명문대학으로 만드는 데 크게 이바지하였다고 강조하고 싶다.

하버드를 비롯하여 미국의 명문대학의 특징은 학부 즉 교양교육이라는 학풍에 있다. 그런데 교양교육이라고 하여 결코 인문주의 내지 인문학에 국한되지 않고 사회적, 시대적 흐름을 반영하여 극히 가변적, 다원적으로 짜여 있다. 지난 2007년 2월 7일 하버드는 30년 만에 교양교육 과정을 대대적으로 개편하였음을 발표하였다. 교수 6명과 학생 3명으로 구성된 그 개편위원회는 특히 종교, 문화 및 과학을, 그리고 그 세 가지 영역의 균형 잡힌 유대를 강조하였다. 그에 따르면 학생은 새로 짜여진 교양필수 8개 부문 중에서 각 부문에서 한 과목씩을 필수적으로 이수해야 한다. 개편위원회는 교양교육의 성공을 위해서는 범汎학과나 학부의 경계를 초월한 지식과 학문 전체 차원의 과목이 증대되어야 함을 강조하였다. 교양필수 8개 부문은 다음과 같다.

·미학·해석학 이해 - 다양한 미적·문화적 표현을 이해하는 능력을 배양

·문화와 신앙 - 사상과 예술, 종교를 그것이 형성된 맥락에서 이해

·경험적 추론 - 경험적 데이터와 정보를 수집·평가·결정·추론 능력

·윤리적 추론 - 도덕·정치적 신념과 관행의 근거를 추론

·생명과학 - 생명체의 기원, 환경에 따른 생명체의 능동·수동적 변화

·물리학 - 물리학과 관련 공학의 핵심 개념을 일상에 적용

·세계의 다양한 사회 - 각국의 가치·관습·제도·사회조직의 형성 과정 교육

·세계 속의 미국 - 미국의 사회·경제·정치적 관행과 제도를 타국과 비교

하버드의 학부 학생은 그가 대학원에서 전공을 무엇을 택하건 일반 교양 과목을 학습한 뒤 다음의 세 가지의 필수 요건을 갖추어야 한다. 첫째, 문장력이 있어야 한다. '교양인은 명석하고 효과적으로 문장을 쓸 수 있어야 한다.' 둘째, 외국어 하나 이상에 능통해야 한다. '다른 외국 문화에 대한 지식이 있어야 한다.' 셋째, 수량 이론을 다루는 능력이 있어야 한다. '자연과학 및 사회과학에서 쓰이는 컴퓨터나 수량 데이터, 통계의 기초 기술을 지녀야 한다.'

하버드 교수들의 약 50%는 평가에서 탈락되고 반수정도만
이 종신 재직의 권리를 지닌 정교수로 승진된다. 교수의 대다
수는 그의 전공분야에서 세계적 권위를 지닌 학자이다. 정교
수의 평균 연령은 약 55세이다. 그렇다면 그들의 보수는 얼마
나 될까? 전문직 양성의 전문대학원과는 달리 대체로 학자양
성을 목적으로 하는, 대학원 중의 대학원이라 할 수 있는 문리
대학원의 정교수 평균 연봉은 미국 대학 중에서도 가장 높은
금액이라고는 하나, 법학대학원을 갓 졸업한 풋내기 변호사(그
가 뉴욕의 대기업에 속해 있다면)의 연봉과 비슷한 정도이다. 그들의
학문적인 권위와 사회적 위상에 걸맞지 않은 그 박봉에도 하
버드의 교수들은 만족하고 있다. 최근의 한 조사에 의하면 미
국 교수의 88%가 다시 태어나도 교수직을 택하리라고 답하고
있다. 그러면 대학의 무엇이 그들을 그토록 매료하고 있는 것
일까? 그 해답이 재미있어 우리로 하여금 미소 짓게 한다.

로소프스키 교수는 그의 오랜 하버드 생활에 비추어 교수
직에 애착을 갖는 첫 번째 이유로, 아름다운 건물(미국 대학의 건
물 중에는 건축사에 기록될 만한 것이 적지 않다!)이 들어서고 거목이
우거지고 잔디가 깔린 캠퍼스의 풍경을 꼽고 있다. 두 번째 매
력으로는 읽고 싶은 서적을 조석으로 읽으면서 급여까지도 받
는 대학 생활의 즐거운 '특권'을 들고 있다. 이 두 가지 매력
보다 학문 연구에의 정열을 든 교수는 25%에 지나지 않는다.
그리고 또 하나의 매력으로서 복종할 상사 즉, 보스가 없다는
사실이 지적된다.

하버드맨이 아니라도 하버드대학의 역사를 뒤져 보면 '대학이란 무엇인가', 그리고 '교수란 어떠한 위상을 지녀야 하는가' 하고 잠시 상념에 잠기게 된다. 히틀러의 독일 제3제국을 탈피하여 미국에 망명, 프린스턴대학에서 생애를 마친 역사가 칸토로비치의 다음과 같은 말이 가슴에 다가온다.

"가운을 입는 자격을 지닌 직업이 세 가지 있다. 재판관과 성직자와 학자이다. 가운은 입고 있는 사람의 성숙과 판단의 자율성과 자신의 양심과 자기가 믿는 신에 대한 직접적인 책임을 표현하는 것이다."

혁명 프랑스와 명문 그랑-제콜의 출현

17세기 근대 과학의 성립은 때마침 태동된 법치法治 관료제 국가와 자본주의의 물결을 타고 갖가지의 전문직(profession)을 창출하였다. 그들 전문직은 봉건적인 신분 사회를 타파하고 근대적 시민사회를 형성하는 새로운 사회 세력으로 부상하였다. 지식이 권력이 된 것이다. 이러한 문화·사회사적 전환은 필연적으로 고등교육과 학문의 세계에 새로운 패러다임을 불러 일으켰다. 18세기 프랑스 계몽사상을 대표한 디드로가 지적한 바와 같이, '말의 연구에 대신한 사물의 연구에 대한 요구'가 범유럽적으로 요원의 불길처럼 일어난 것이다.

전문학 연구를 위한 베를린대학의 창립(1810), 런던대학의 출범(1836) 및 1789년 혁명을 계기로 나타난 프랑스의 그랑-제 콜(grandes écoles)은, 성직과 교양을 위한 지난날의 고등교육 및 학문의 역사에 일찍이 없었던 구조적인 변혁을 일으켰으니 이 제 대학의 최대 관제는 전문직의 양성을 위한 전문학의 학습 및 연구가 되었다. 그리하여 태동된 교육의 변혁과 재편성은 혁명 프랑스에서 가장 두드러지게 나타났다. 각급 학교의 세 속화, 무상 공교육, 남녀평등의 의무교육 등 유럽 최초의 국민 교육 정착은 프랑스 혁명의 가장 큰 성과로 평가받고 있다. 그 러나 고등교육의 혁신 내지 재편성은 많은 문제를 일으켰다.

프랑스 혁명 정부는 구체제가 의거한 모든 특권 기관과 마 찬가지로 아카데미와 대학을 앙시앵 레짐의 상징으로 적대시 하여 1793년 모든 대학을 문닫게 하였다. 그리고 그에 대신하 여 고등교육을 포함하여 교육 제도를 재편성하였으니, 그것을 주도한 인물은 수학자이며 철학자이기도 한 콩도르세와, 정치 가이며 역사가인 도누였다. 교육의 평등과 보편성을 중요시한 콩도르세의 고등교육 정책의 기본은 종교성을 청산하고 고전 어 대신에 사회과학 특히 자연과학 및 응용과학을 중시하는 것이었다.

콩도르세는 학문 연구의 자유를 강조하는 한편, 교육기관의 국가 관리를 또한 강조하였다. 국민공회는 1792년 대학을 해 체하고[5] 이공·공예·광업·동양 생활 언어·음악·미술 등 각종 특수 단과 전문학교(école spéciale)의 설립을 결의하였다. 이제 고 등교육은 파리대학과 같은 중세풍의 종합대학이 아니라 전문학교가 중심이 되었다. 수학과 응용과학을 중요시한 과학 지향의 그 전문학교는 고급 기술자, 고급 공무원 및 상급학교(리세 및 대학) 교사 등 엘리트 양성을 목적으로 하는 그랑-제콜과, 갖가지 전문 공업 기술자를 위한 응용기술학교로 크게 나누어졌다.

프랑스의 교육 제도에 따르면 초등학교(5년제)와 '콜레쥬(college)'라고 불리는 전기 중등학교(4년제)를 의무교육으로 마친 뒤 희망에 따라서 3년제의 '리세(Lycee)'라 불리는 일반 고교 혹은 기술 고교에 진학한다. 대학 지망생은 바칼로레아(baccalauéat, 대학입학 자격시험)에 합격해야 한다.[6] 그 시험은 문학계(L), 경제-사회계(ES) 및 과학계(S)로 나누어지며, 문학계는 선택과목인 현대어·고전어·예술·수학 중에서, 경제-사회계는 수학·경제학·사회학 중에서, 과학계는 수학·물리·화학·지학地學·공업기술 중에서 선택할 수 있다. 그리고 모든 계열을 통틀어 철학은 필수이다. 프랑스의 중·고등학교가 '철학학교'라고 불리는 이유이다. 그에 비해 초등학교는 프랑스어 교육을 철저히 하여 '국어학교'라 불린다.

프랑스의 고등교육기관은 파리대학과 같은 전통적인 일반대학과, 엘리트를 위한 그랑-제콜을 비롯한 각종 전문학교, 그리고 콜레쥬 드 프랑스로 크게 나누어지며 콜레쥬 드 프랑스는 최고급의 교수진을 갖춘, 학문 연구를 위한 최고의 기관이다. 이제 그랑-제콜에 관해 생각해 보자.

바칼로레아를 우수한 성적으로 합격한 학생은 보통 일반대학이 아니라 그랑-제콜에 진학한다. 오늘날 그랑-제콜의 총수는 약 300개, 그 재학생은 12만5000명에 이른다. 이에 비해 규모가 훨씬 큰 일반대학은 86개교에 학생 수는 약 132만 명이다. 그랑-제콜은 고전과 문예의 바칼로레아를 선택한 문계文系의 소수 학생과 수학·공학을 선택한 이계理系의 많은 학생들로 구성되며, 고도의 공학은 모두 그랑-제콜에서 학습되고 연구된다.

바칼로레아를 취득한 학생 중 우수한 학생들은 일반대학보다도 명문의 그랑-제콜에 입학하기를 원한다. 그 입학을 하기 위해서는 리세 부속의 '준비 학급'에서 2~3년간 문과, 이과 및 상과로 나누어서 입시 준비에 정진해야 한다. 그런데 이 '준비 학급'에는 바칼로레아 합격자 중 그 시험 성적과 리세 재학 중의 성적에 따라 11%만이 들어갈 수 있으며 그것은 엘리트 코스를 꿈꾸는 생도들과 학부모들의 제1의 관문이요 등용문이라고 할 것이다. 역대 왕의 비호를 받아온 앙리 4세 교校와 루이 르 그랑 교(1563년 창립)와 같은 파리의 명문 리세의 '준비 학급'에 우선 들어가는 것이 오랫동안 명문 그랑-제콜에 들어가는 가장 가까운 길로 여겨져 왔다. 그러나 2000년대에 들어서면서 그랑-제콜에 큰 변화가 나타났다. 그랑-제콜의 졸업생들은 보통 프랑스의 정계와 재계 및 관료 사회의 상층부를 독점하고 학생들도 거의가 그런 집안 출신이었다. 서민 출신 학생의 비율은 점점 낮아져 최근에는 9% 이하로 떨어졌다. 그만큼 학생 선발과정이 폐쇄적이었다. 이 같은 문제점에 대해 개혁을 요구하는 국민의 소리가 날로 높아지면서 파리의 국립정치학교(LEP)가 최근 파리 근교 빈민 지역 7개 고등학교의 우수 졸업생들을 무시험 내신 면접 전형으로 입학시켰다. 그랑-제콜 사상 일찍이 없었던 큰 혁신이다. 그러나 그 조치에 대해 그랑-제콜은 대체로 회의적이다. 학교 개혁이란 난제 중의 난제, 그만큼 어려운 것이다.

많은 그랑-제콜 중에서도 1794년 세워진 고등사범학교(Ecole Normale supérieure)와 이공대학(Ecole polytecknique)이 쌍벽을 이루는 명문 중의 명문이다. 이밖에 사회과학계의 파리정치학원(SP), 공무원 양성을 위한 국립행정학원(ENA) 및 1881년에 세워진 고등상업전문학교(HEC)가 유명하다. 국립행정학원은 학사 학위 소지자에 한해 입학이 허용되며 2년제로, 수료자는 성적순으로 중앙 각 부처에 배치되어 행정 엘리트의 길을 보장받는다.

이공대학은 유럽에서도 제일 먼저 기술의 기초로서의 과학을 교육과정으로 설정하는[7] 한편, 과학의 응용으로서의 기술을 체계화하여 근대 공학 창출의 요람으로서 독일의 공업전문대학(TH) 및 미국 MIT에 큰 영향을 끼쳤다. 그뿐만 아니라 산업화 과학과 전문 기술자 집단의 창출에 또한 선구적으로 이바지하였다.

한편 이공대학에 이어 같은 해 1794년 국민공회의 결의에 따라 세워진 고등사범학교는 창립이념으로 '파리에 사범학교를 설립하여 이미 유익한 학문을 배운 시민을 공화국의 모든 지역으로부터 모아 갖가지 분야에서 뛰어난 교수 밑에서 교육

하는 기술을 학습한다'는 취지를 내세웠다. 혁명 정부는 교육을 가톨릭교회로부터 해방함으로써 진정한 시민을 육성함을 급선무로 여겼으며 지난날 가장 중요시된 수사학에 대신하여 과학과 백과전서적인 지식과 사고가 교육의 핵심이 되었다.

고등사범학교는 원래 2년 과정이었으나 1830년 이후 3년이 되었다. 학생들은 기숙사에서 생활하고 제복을 입고 여름은 새벽 5시에, 겨울에는 6시에 기상하는 등 군대식 규율을 따랐다. 학생들은 문계와 이계로 나누어졌으나 최초의 1학년은 그 구별 없이 공통의 강의를 받았다. 1830년 이후 제1학년 문과의 교과목은 문법, 그리스-로마의 인물사, 시론, 수사학, 고전 문명론 및 철학이었으며 그 외에 수학·물리·자연과학의 강의도 약간 있었다. 나폴레옹의 몰락 뒤 18세기 계몽주의 시대 백과전서적 학풍인 에콜 노르말은 위험한 사상의 아성으로 지목되는 등 정치적 격변기의 격랑이 때때로 에콜 노르말을 흔들었으나 에콜 폴리테니크와 나란히 그 명성에는 하등 변함이 없었다.

최신의 조사에 의하면 프랑스의 주요 기업 200개 회사 경영자의 27%가 에콜 폴리테니크, 23%가 국립행정학원 출신이다. 이 숫자는 영국 대기업의 옥스브리지 졸업생의 점유 비율인 32%를 훨씬 넘는다.

한편 프랑스 엘리트 지식인의 산실격인 에콜 노르말의 졸업생의 명부에서 우리들은 빅토르 쿠장, 역사가 미슐레, 로망 롤랑(이상 세 사람은 모교의 교수를 지냈다), 그리고 1924년 동기에는 수석을 다툰 사르트르와 니장 그리고 레이몽 알롱을 찾아 볼수 있다. 에콜 노르말은 1937년에 처음으로 여학생을 받아들여 여류 사상가인 시몬느 베이유도 여기서 배웠다. 푸코는 두번 떨어지고 세 번째 시험에서 4등의 성적으로 입학하였다. 사르트르는 에콜 노르말의 학창 시절을 일생 중에서도 '정말로 즐거웠던 나날로 회상하고 있다.

해매다 7월 14일 프랑스 혁명을 기념하는 파리 샹제리제 거리의 퍼레이드에서는 흑색 제복의 에콜 폴리테니크의 학생단이 선두에서 행진한다. 그들이 앞세운 교기는 나폴레옹이 손수 수여한 것으로서 '조국·과학·영광'이라는 학교의 모토가 새겨져 있다. 푸코가 지적한 "지식은 권력이다"라는 진실이 혁명 프랑스에서도 통용된 것은 아닐까?

칸트의 「학부의 싸움」과 철학의 시대

유럽 대학은 대체로 19세기 말에 이르기까지 전통적으로 4학부 즉, 철학부(원래의 학예학부로서 근대에 이르러 차차 철학부로 개명되었다), 신학부, 법학부 및 의학부에 의해 이루어져 왔다. 원래 교양 제 과목을 가르친 학예학부는 기초 학부로, 그것을 마친 뒤 학생들은 신학, 법학, 의학의 전문학을 교수하는 학부에 진학하였다. 그런데 시대의 사회문화적인 성격에 따라서 4학부 중에서 핵심 학부가 생겨났다. 즉, 중세 그리스도교 시대에는 신학부가, 16세기 절대주의 시대 이후 법치적이며 관료제 중심인 근대 국가의 태동기인 18세기까지에는 전문적인 법률가 및 관료 집단을 양성하는 법학부가 대학의 중심 학부로 우세하였다. 그러다가 '담론'에 의한 공공성公共性의 창출을 특징으로 하는 근대적인 시민사회는 '철학'의 시대의 도래를 초래하여 지난날의 학예학부와 철학부가 다른 학부와 마찬가지로 전문적인 학부가 되었다.

칸트의 유명한 논문 「학부의 싸움」(1798)은 철학부가 바로 대학의 중심 학부임을 선언한 것으로, 베를린대학에서는 그 창립에 깊이 관여한 철학자 슐라이마허가 말하였듯이 '철학이 모든 학습의 근본'이 되었다. 최초의 근대적 대학으로 일컬어지는 베를린대학은 바로 철학부 중심의 대학이었다. 철학부의 우위는 「학부의 싸움」이 집필될 당시 독일 39개 대학의 교수 791명 중 274명(35%)이 철학부 교수였다는 사실에서도 잘 드러난다. 베를린대학의 창립자인 훔볼트의 대학관의 밑바닥에는 그의 이상주의적 철학이 깔려 있음은 새삼 말할 필요가 없으며 베를린대학을 본받아 설립된 독일 및 여러 나라의 모든 대학도 철학적인 학풍이 지배적이다.

칸트에 의하면 진정한 학문이란 '학문적인 관심에만 몰두하는' 철학이며 그러므로 철학부는 국가 체제로부터 자유로운 동시에 '실무가'인 성직자나 법률가, 의사를 위한 '모든 학부의 강의와 관련을 맺고' 그것들을 뒷받침하고 '검증하는' 역할을 지닌다. 이하 「학부의 싸움」의 주요 부분을 옮기며 이 논

문과 뒤에 인용하는 훔볼트의 글을 통해 학문과 대학의 참된
위상이 무엇인가를 생각해 보고자 한다.

「학부의 싸움」

철학부는 그가 행하는 강의에 관해 그 진리를 보장하여
야 하므로 가능한 한 자유로워야 된다.
…… (신학·법학·의학의) 상급 세 학부와의 관련에서 철학
부는 그것들을 통제하고 그럼으로써 유용有用하여야 한다.
왜냐하면 학문의 본질이며 제1의 조건인 진리야말로 모든
것 중에서도 가장 중요한 것으로 세 상급 학부가 정부를 위
해 약속한 유용성이란 두 번째의 지위를 감수해야 할 요소
이기 때문이다.
…… 철학부는 두 부문으로 구성된다. 하나는 역사적 지
식 즉 역사, 지지학地誌學, 어학, 인문학에 관한 영역이며,
다른 하나는 순수 이성의 인식 즉 순수 수학, 순수 철학, 자
연 및 도덕에 관한 형이상학이다. 이 두 부문은 상호 보강적
으로 관련된다. 그러므로 철학부의 영역은 인간 지식의 모
든 분야에 걸친다. 철학부는 모든 것을 즉 상급 학부의 영역
까지도 검증하고 비판의 대상으로 한다. 그것은 오직 학문
을 위한 목적을 위해서이다.
철학부는 그러므로 모든 강의에 관여함을 당연한 권리로
주장한다. 그것은 그 강의의 진리를 검증하기 위해서이다. 철
학부는 그 본래의 본질적인 목적에 반하지 않는 한 정부에 의

해 간섭을 받아서는 안 된다. 그리고 상급 학부는 철학부가 공적으로 제기한 이의나 의문에 성의를 다해 답하여야 한다.

…… 그러나 상급 학부의 실무가들(성직자·법률가·의사)은 감히 철학자의 역할을 허용 받지 못할 것이다. 철학부가 침해 받지 않는 자유를 확보하고 있다는 사실은 신학부, 법학부, 의학부 출신자들도 차차 진리의 궤도에 오르게 하는 결과를 낳을 것이다.

…… 학술적 지식의 전당의 최우파인 상급 학부라는 계급은 정부의 규정을 변호하는 것으로 존재하나, 한편 진리를 문제 삼는 자유로운 헌법에서는 그 반대당(좌파)인 철학부의 의석의 존재가 보장받아야 한다. 왜냐하면 철학부의 엄격한 검증과 반론이 없다면 정부는 자기에게 유익한 것이 무엇이며 무익한 것이 무엇인가를 정확히 알 수 없기 때문이다.

…… 그러므로 현재는 제일 밑에 있는 철학부가 상급 학부의 제1위가 되는 날이 머지않아 올 것이다. 그러나 그것은 철학부가 권력을 지녀서가 아니라 권력을 지닌 정부에 조언하는 데서 온다. 철학부의 자유와 그로부터 유래되는 식견이야말로 정부 자체의 절대적인 권력보다도 훨씬 더 그 목적을 이룰 수단에 적합하기 때문이다.

베를린대학의 이념 – '학문의 자유'

최초의 근대적인 대학으로 일컬어지는 베를린대학은 대對 나폴레옹 전쟁(1806)의 패배 뒤 일어난 프로이센 국가 개혁의 일환으로 창립되었다. 교육과 학문 연구의 쇄신에 대한 시대적 열망을 받아들여 국왕 프리드리히 빌헬름 3세는 "국가는 물리적 힘에서 상실된 것을 정신적 힘으로써 보충해야 한다"라고 선언하였다. 새로운 대학 창립의 구상은 당시 베를린에 모여 있었던 피히테, 셸링, 슐라이마허 및 빌헬름 훔볼트 등의 이상주의 철학자들에 의해 이루어졌으며, 특히 훔볼트가 공교육국 장관에 취임하면서 베를린대학은 그 창건이 구체화되었다. 훔볼트는 신분 중심의, 신분에 의해 차별화된 지난날의 봉건적인 교육 사상과 직업적인 '유용성'을 앞세우는 18세기 계몽주의적 교육 사조를 모두 거부하고, '모든 계층과 계급의 재능 있는 사람'들을 위한 보편적인 인간 교양을 강조하였다.

베를린대학은 훔볼트대학으로도 불린다. 그것은 훔볼트가 실질적인 창립자였다는 사실과 그리고 그 이상으로 베를린대학을 특징짓는 지도 이념과 학풍, 즉 '학문의 자유(die akademische Freiheit)' '학문과 교양의 일치' 그리고 권력이나 일상성으로부터 해방된 학문 연구를 위한 대학인의 원리가 '고독과 자유'라는 바로 훔볼트가 바라고 지향한 대학의 정신이었다는 연유에서이다. 이러한 그의 바람은 베를린대학이 세워지기 직전에 발표된 그의 논문 「베를린 고등학문기관의 내외적인 조직의 이념」(1810)에 잘 나타난다. 아래에 옮긴 것은 그 논문의 머리 부분으로, 훔볼트의 대학관의 핵심을 이룬다. 이 훔볼트의 대학 이념은 실로 제2차 세계대전 이전까지(!) 베를린대학을 본받은 독일을 비롯하여 유럽 여러 나라와 미국 그리고 일본의 대학의 지도 이념이 되었다.

「베를린 고등학문기관의 내외적인 조직의 이념」

고등학문기관(대학을 말함 - 옮긴이 주)의 개념은 국민의 도덕적인 문화를 위해 직접 도움이 되는 모든 것이 결집되는 산봉우리와 같은 것이다.

그러한 대학은, 가장 심오하고 넓은 의미의 학문을 연구하고 그와 더불어 학문을 정신적 윤리적인 교양을 위해 특별히 갖추어진 소재가 아닌, 스스로 합목적적인 소재로서 활용하도록 헌신할 때 비로소 성립된다. 그러므로 대학의 본질은 내면적으로는 객관적인 학문과 주관적인 교양의 결합이며, 외면적으로는 수업과 연구를 일관하여 고유한 지도 밑에 결합하거나 혹은 오히려 수업에서부터 연구에의 이행을 촉진하는 것이다. 그러나 주요 관점은 학문에 있다. 왜냐하면 학문이 순수한 모습으로 현존한다면 가령 약간의 일탈이 있더라도 궁극적으로는 분명히 올바르게 학습되기 때문이다.

대학이란 가능한 한 학문의 순수 이념과 맞섬으로써 그 목적을 이룰 수 있으므로 그 영역에서는 고독과 자유가 지배 원리가 된다. 그러나 인간의 정신적 활동은 공동작업에 의해 풍요해지므로, 단지 어느 누군가가 다른 사람에게 결여된 것을 보충해 주는 데 그치지 않고, 그에 더해 모든 협동자들에게 저마다 발휘되는 학문의 빛은, 개별적인 것으로부터 도출된 빛에 지나지 않는다고 여겨지는, 모든 것을 비춰주는 근원적 힘이 엿보이는 그러한 공동작업에 의해 비로소 풍요로워지는 것이다. 그러므로 대학의 내적 조직은 끊임없이 언제나 스스로 다시 활성되는, 그러면서도 자유롭고 비타산적인 공동작업을 창출하고 유지하여야 한다.

이에 더해 대학이 아닌 일반 학교가 단지 기존의 지식을 가르치고 배우는 곳인 데 비해 대학의 특징은 언제나 학문을 아직도 전혀 해결되지 않는 '문제'로, 그러므로 끊임없이 연구 도정의 것으로 취급하는 데 있다. 그리고 대학에서는 교사와 학생의 관계가 그 이전의 학교에서와는 전혀 다르다. 즉, 대학에서는 교사가 학생을 위해 존재하는 것이 아니라 교사와 학생이 학문을 위해 존재한다.……

사람들이 대학이라고 부르는 고등학문기관은 국가의 모든 테두리로부터 해방된 존재이다. 그것은 외관상으로는 한가하나 내면적으로는 학문과 연구에 정진하고 있는 사람들의 전적으로 정신적인 삶이다. 그러므로 혹자는 단독으로 파헤치고 수집하고, 혹자는 같은 연배의 인사들과 손을 잡고, 혹자는 젊은이들의 그룹을 모으고 있다. 국가는 (대학의) 그 자체 무정형적無定形的이며, 어느 정도 우연적인 활동을 하나의 한층 명확한 형태를 지닌 것으로 이룩하고자 원할 경우에도 대학의 그러한 위상을 소중히 해야 한다.

국가는, 그 자체 본래 대학에 개입할 일도 없으며 개입할 수도 없음을, 국가가 대학에 간섭함은 대학을 바로 방해함을, 그리고 (대학에 관한 한) 국가 따위는 없는 편이 훨씬 유리함을 언제나 명심해야 한다. 국가는 직접 그리고 단적으로 국가의 이해에 관련된 것을 대학이나 아카데미에 요구해서는 안 된다.

이상과 같은 훔볼트의 정신을 창학 이념으로 하여 1810년 10월 10일 베를린대학은 개교식을 거행하였다. 정교수 24명, 원외 교수 9명, 사강사私講師를 포함하여 기타 25명 그리고 학생은 256명이었으며 초대 총장에는 철학자 피히테가 선출되었다.

지난날 중세 대학의 지상 과제는 성직자 양성(파리대학)이었으며 이어서 교양인의 배출(옥스-브리지)이었다. 그런데 베를린대학은 대학 사상 최초의 학문 연구의 장으로서 출범하였다. 그리하여 그것은 독일의 학문을 유럽 최고의 수준으로 높였으며 미국, 프랑스, 영국의 대학인들도 베를린대학을 탐방하고 유학하였다. 그리고 학문과 교양의 일치 내지 학문을 통한 교양의 형성이라는 훔볼트의 학풍은 관료와 교사, 법조인과 의사 등 학식과 교양을 두루 갖춘 전문직 지향의 '교양 시민 계층'을 창출하였으며, 그들은 독일 근대화의 중추적 세력이 되었다. 그 결과 베를린대학과 그가 표방한 '학문의 자유'에 대해 많은 찬탄이 바쳐졌다.

그러나 전근대적인 독일 시민사회에서 대학인만의 '대학의 자유' '학문의 자유'는 많은 대가를 지불해야 했다. 즉, 프로이센 개혁의 일환으로 국가 권력에 의해 세워진 베를린대학은,

51

그 국가 개혁이 필경 1789년의 시민 혁명을 외면한 만큼, 반시민적 이데올로기와 무관하지 않았다. 아니 새로운 대학 창립에 직접 참여한 이상주의 철학자들의 '빵을 위한 학문'에 대한 혐오와 '철학적인 두뇌'에 대한 지나친 강조는 대학을 비사회적이며 반현실적인 '학자 공화국'으로 만들었다. 학문과 사회, 학자와 시민을 이율배반적 관계로 설정한 베를린대학의 이념과 학풍은 개인의 자폐적 자기형성 내지 '내면성'에만 급급한 '교양(Bildung)'의 독일적 관념과 곁들여 대학은 근대적 시민사회의 확립이나 정치-사회적 '공공성(Offentlichkeit)'의 창출에 하등 기여하지 못했다. 독일의 대학인이, 정치-사회적인 자유와 무관하고 유리된 '대학의 자유' '학문의 자유'(이러한 용어는 영어권이나 불어권에는 없다)의 허구성에 눈을 뜨게 되는 것은 실로 히틀러 체제에 이르러서였다.

기술 정보사회와 멀티버시티

대중사회와 맘모스대학

오늘날의 산업대중사회는 고등교육의 대중화를 초래하였다. 칼리지 중심의 중세 대학은 물론 근대적인 유니버시티와도 그 규모나 내용 그리고 기능에 있어 극히 다른 다원적인 대학, 즉 '멀티버시티(multiversity)'의 출현을 가져 왔다.

교양과 전문직을 지향한 지난날의 대학은 일부 엘리트계층의 대학이었으며, 학위 증서는 계층사회의 신분의 징표이며, 푸코가 지적하였듯이 학력과 지식이 바로 권력이었다. 그러나

19세기 후반의 제2차 산업혁명은 신분사회를 무너뜨리고 20세기에 이르러서는 대중사회, 대중문화를 창출하였으니 대학 또한 대중사회에 발을 맞추어 만인에게 열린 모두의 대학으로 변모하였다. 이러한 사실은 엄청나게 증대된 학생수에서 우선 드러났다. 1960년대 후반기 대학생의 적령 인구비율은 미국 46.6%, 영국 12.6%, 프랑스 13%, 서독 8.7%, 일본 16.7%이다. 대학의 대중화를 보통 적령 인구 비율 15% 이상으로 간주하는 바 학생은 더 이상 엘리트층이 아니라 대중학생(mass student)에 속한다.

대학의 대중화 현상은 대학의 맘모스화를 초래하여 미국의 캘리포니아대학의 경우 이미 1960년 초에 9개 캠퍼스에 10만 명 이상의 학생과 그에 더하여 교직원수 또한 4만 명을 헤아렸다. 가히 중소도시의 규모이다. 파리대학의 학생수는 1966년 당시 약 13만 명이며 소르본으로 불리는 문학부만도 4만 명에 이르렀다. 한편 같은 무렵 인도의 캘커타대학의 학생수는 16만 명, 멕시코대학 또한 학생 9만4000명에 교수 수 1만을 헤아렸다. 대학의 맘모스화는 선·후진국을 가리지 않는 공통의 현상이 되었다. 산업대중사회는 적령 인구비 15%를 넘는 대학의 유니버설 현상을 낳고 바야흐로 고등교육의 대상은 전 국민이 되었다.

학생의 진학 동기, 선발 기능, 교과 과정, 학생과 교수의 관계, 교육과 연구 방법, 대학 운영과 관리의 방식 등 대학사회 전반에 큰 변화를 초래한 대중대학과 멀티버시티의 가장 큰 문제점은 그 거대한 규모보다도, 코넬대학의 '만능 교과목의 이념(the idea of all purpose curriculum)'에서 보듯이 모든 교과과정이 '산업화' 과학을 중심으로 철저하게 분화되고 전문화된 점에 있다고 할 것이다.

'만능 교과목'의 학풍은 특히 세계 제일의 맘모스 대학인 캘리포니아대학에서 극대화된다. 예를 들어 대학의 거대화가 절정에 이른 1962년 당시 캘리포니아대학은 IBM 이상으로 다원화되어 100개소 이상에 걸쳐 활동을 벌이고 50개국 이상의 해외 프로젝트를 지녔다. 그리고 강좌수만도 1만 종이 넘고 253종의 교과목을 설정한 공학부에는 드라이 클리닝 공학, 218종을 지닌 교육학부에는 자동차 운전, 안전 교육 등의 교과목도 있다.

멀티버시티는 캘리포니아대학 총장을 지낸 클라크 커의 말 그대로 '두뇌의 도시 국가(idiopolis)'이다. 그런데 문제는 이 멀티버시티라는 지적 국가가 철저하게 국가 및 대기업의 자기중심적인 산업 전략에 의해 관리되고 운영되고 있는 '산업국가'라는 사실이다. 우리들은 이러한 현상을 고도기술정보산업사회에 불가피한 것으로 받아들여야 할 것인가? 그러기에는 문제가 너무나 심각하다.

대학의 본질은 연구와 교육에 있다. 그러나 '산업화' 과학의 절대 우위는 인문·사회과학과 기초과학 및 기술과학 간의 불균형을 낳고 특히 연구와 교육의 불협화음을 초래하였다.

현대 학문의 엄밀한 전문성은 우리가 원하든 원치 않든 필

경 특수 정밀과학을 지향한다. 그러나 학문의 지나친 '전문성'
은 '사람됨'의 교육의 부재를 초래하고 그 결과 인간적인 연
대와 정체성, 그리고 그 위에 비로소 구출될 수 있는 공동체적
공공성의 분열 내지 결여를 낳게 마련이다. 공통된 언어를 상
실한 아톰적인 전문직만의 사회, 그러한 사회 속의 도구적 기
술 지배의 메커니즘, 오늘날의 인간 소외 현상 내지 문화 위기
의 밑바닥에 우리들은 공통된 목적이나 보편적인 이념 없이,
'지적' 내용이나 '사색'과도 관련이 없는, 단순히 기술만을 연
수받는, 어중이떠중이의 멀티버시티라는 바벨탑의 문제성을
지적하지 않을 수 없다.

아래의 글은 미국 고등교육계에 지도적 영향력을 지닌 커
의 저서 『미국 고등교육 고뇌의 시대, 1990년대와 앞날』(1994)
중에서 제7장 「기업과 대학 – 미국의 경험」을 요약하여 옮긴
것이다. 이 글에서 세계에서 가장 큰 규모의 대학 총장을 지낸
커는 서로 상이한 정체성을 지닌 대학과 기업이 산업사회 속
에서 상호의존도를 높이면서, 그 갖가지 문제점에도 불구하고
'지식 사회'를 실현한 미국 대학의 상황을 긍정적으로 평가하
고 있다. 그 배경에 커는 '교육과 연구의 자유 보장' '이의異議
제기'라는 대학문화의 건재를 지적한다. 커에 의해 표명된 미
국의 경험은 우리들에게는 적잖은 낙관적 인상을 주거니와 대
학과 기업의 바람직한 상호 관련을 위해서는 기업을 중심으로
한 사회 전체의 높은 도덕성과 견식이, 그리고 그에 앞서서 대
학의 본질에 대한 대학인과 대학사회의 실천적 인식의 고양이

요구된다고 할 것이다. 이하 커의 이야기를 들어보자.

「기업과 대학 – 미국의 경험」

　기업과 대학은 저마다 다른 방법을 통해 독자적으로 발전해 왔다. 기업은 특히 고등교육의 '인적 투자'의 측면에 매력을 느껴 왔다. 한편 학생들은 대학 입학의 소비자적 측면에 즉 '인생의 한 단편'으로서 대학의 경험을 즐기는 일, 그리고 대학을 마친 뒤 자기 자신의 생활의 문화적 수혜를 준비하는 데 관심을 갖게 되었다. 그리고 산업계로서는 가장 바람직스럽지 못한 '이의異議 제기'라는 고등교육의 또 하나의 목적은 캠퍼스의 계층 구조 속에서 과거보다도 높이 평가되고 있으며 그것은 가까운 장래에 있어서도 그대로 평가될 것이다. 캠퍼스를 그 자신의 삶의 중심으로 여기는 지식인은 어느 때보다도 그 수가 증가되고 학문의 자유를 비롯한 여러 자유에 의해 비호받고 있으며, 탈산업화 사회 속에서 산업 활동의 갖가지 측면(예를 들어 환경으로부터의 착취)에 관해 비판적이 되고 있다. 이러한 측면은 라이오넬 트릴링(Lionel Triling, 1905~1975, 미국의 소설가·문예비평가, 현대문명에서의 개인의 입장을 휴머니즘적으로 추구함 – 옮긴이 주)의 이른바 '대항문화'의 주요 부분이 되고 있다.

　대학과 기업은 그 아이덴티티에서는 날로 서로 거리를 증폭하고 이질적이 되고 있다. 그럼에도 불구하고 양자는 또한 상호의존도를 높이고 있다. 고등교육이 이용하고 있는

부富는 그 많은 부분이 산업계에 의해, 산업사회를 통해 유출된 것이며 그것은 (미국) GNP의 2.5%에 이른다. 고등교육은 그 졸업생의 취직의 많은 부분을 산업계에 의존하고 있다.…… (미국) 대학을 지원하고 있는 것은 지난 200년 동안과는 달리 이제 교회가 아니다. 오늘날 대학의 지원자는 다원주의적인 산업화 사회이다.

한편 기업 또한 연구와 기술의 인력을 더욱더 대학에 의존하게 되고 거의 모든 기초 연구는 대학에서 행해지고 있다. 그리고 산업계에 있어 대학은 인재 획득의 최대의 터전이며 '지식 사회'는 성장과 변화의 중심에 있다. 이러한 추세는 날로 증대될 것이다. 그 역전은 있을 수 없으며 불가능할 것이다. 프리츠 마할럽(Fritz Machalup, 1902~ , 미국의 경제학자로 지식산업론의 선구자)은 언젠가 (극히 대략적으로 정의하여) '지의 생산과 분배'는 GNP의 약 30%를 구성한다고 산정하였다. 그러므로 기업계는, 전에 없이 대학사회에 대한 영향력이 저하된 반면에 의존도는 높아지고 있다. 그런가 하면 대학사회는 기업의 지도력으로부터의 지적 독립을 높이는 한편, 산업 생산자원의 의존도는 증대되고 있다. 기업과 대학은 아이덴티티에 있어서는 분리의 폭이 증폭되어 가나 그 실제 활동 영역에서는 상호의존도를 높이고 있다. 양자는 서로 의혹의 눈으로 상대를 보고 있으나 저마다의 생존을 위해 상호 속박하고 있다. 철학적으로는 목적을 달리하나 현실적 실천에서는 협력하고 있다.

미국 대학의 전 이사회 회원 중의 약 40%가 산업계 및 기업 출신이며 MIT의 경우는 거의 100%에 이른다. 산업계와 기업은 대학 졸업자의 약 50%를 흡수하고 있다. 그런데 "교수단에 교육과 연구의 자유를 제공하고 있는가" 하는 물음에 대해 대학 이사회 이사장의 94%, 총장의 93%, 교수단 수뇌부의 83%가 긍정적으로 평가하고 있다. 산업계와 대학의 밀접한 관련은 다음과 같은 결과를 필연적으로 낳고 있다.

① 학술 연구의 경향이 경영학, 공학 혹은 지난날 농학이라고 일컬었던 분야 등 기업의 취향에 따르는 영역으로 모아지고 인문학에서 벗어나는 추세에 있다.

② 연구 분야에서도 보다 응용적인 영역의 활동이 활발하다.

③ 전반적으로 소규모의 기관보다도 대규모의 기관을 지원하는 경향이 있다.

④ 대체로 고등교육 제도권에서 사회적 지원이 불균형으로 나타나고 과학기술 지향의 연구대학, 노동시장에 대응하는 4년제 칼리지나 2년제 커뮤니티 칼리지에 대한 지원이 집중된다.

⑤ 많은 교수가 그의 사고·시간·에너지를 교육 및 기초연구보다도 기업가적인 활동에 소모하여 그 결과 수입이 많은 기업가형 대학인과 수입이 적은 연구지향형 연구자라는 두 계급의 교수층이 생겨났다.

⑥ 교수 사회에서는 학술적이기보다는 투기적 성격이 날

로 배양되고 의사지적疑似知的인 어둠의 세계의 출현을 촉진한다.

⑦ 대학 '이데올로기'에 직접 영향을 미치고자 하는 노력이 지원되는 경우도 있다. 그러나 그것은 대개 성공을 거두지 못하였다.

⑧ 공학 및 경영학 같은 학내에서 정치적으로 '안전'한 분야의 학생 내지 학부의 비율을 증폭시키고 사회학과 같은 대항문화對抗文化의 영역을 감소시키는 추세에 있다.

결론적으로 말하여 대학과 기업간의 날로 증대된 의존도에도 불구하고 여러 사회비평가가 예고한 위기는 실제로는 일어나지 않았다. '산업계의 장長'이 '학문의 장'보다도 날로 우세해지는 사태도 일어나지 않고, 학문 정신의 퇴폐도 일어나지 않았으며 많은 마르크스주의자가 예고한 바, 고등교육의 잠재적 공헌이 우세한 재생산 기능에 전체적으로 굴복하는 사태도 나타나지 않았다. 그러나 학문 윤리의 전체적 파괴가 아닌 개인 윤리의 남용이 빈발하고 있다. MIT나 캘리포니아공과대학은 영혼을 악마에게 팔지 않았다. '파우스트'의 거래는 미성숙한 대학에 의해 특히 그 대학의 특정한 교수들에 의해 일어나기 쉽다.

클라크 커가 낙관한 대로 기술정보사회 속에서 대학과 기업, 대학인과 산업 체제는 '상부상조'에 만족할 수 있었을까? 그렇다면 1968년의 학생 '반란'은 왜 일어났을까?

1968년 5월의 '스튜던트 파워' 운동

1968년 5월 파리의 이른바 '학생혁명'을 절정으로 1970년 전후 서유럽·미국·일본 등 고도기술산업사회에서 일어난 '스튜던트 파워' 운동은, 반제反帝-반봉건적인 후진국에서의 학생 운동과는 차원을 달리하는, 광범위하고도 심각한 반체제적 특징을 지녔다. 선진 산업사회의 위기적 상황은 '비동시적인 것의 동시적 공존'(칼 만하임)이라는 세대 간의 단절 내지 분열에 크게 기인한다. 정체성의 파탄이라는 일찍이 없었던 위기의 한복판에, 앞선 아버지 시대의 사고와 이념을 근본적으로 부정하는 젊은 지적세대, 학생 집단이 자리하였다. 이 학생 집단은 하버드 대학 교수인 리스먼이 『대학 혁명』(1968)에서 특징지었듯이 정치·사회적인 일체감은 물론 기성세대의 문화적 개념까지도 거부하였다. 그들의 '혁명(Revolution)'은 우선은 국가권력에 대한 도전으로서 발동되었다. 국가야말로 체제 중의 체제를 상징하는 존재인 까닭이었다.

학생운동이 한창일 때 서독에서는 부친과 동일한 정치적 입장을 지닌 젊은 세대는 겨우 4%에 지나지 않았다. 그런데 문제의 심각성은 국가는 물론 사회와 문화 체계를 몽땅 일관하여 권력 체계로서 부정한 점에 있다. '스튜던트 파워' 운동은 궁극적으로는 바로 문화혁명이었다.

먼저 '5월의 혁명'의 나날들을 추적해 보자. 5월 3일 파리 대학의 낭테르 분교에서는 소수의 학생들이 남녀 간 대학 기숙사 방문의 자유를 주장하여 소동을 일으켰다. 이어 약 1000여 좌파 학생들이 강의실에 침입하고 교수실까지 점거하는 한편 '제국주의 투쟁에서 학생의 역할'이라는 주제를 내걸고 24시간 동안 토론회를 열었다. 이에 맞서 정부 당국은 학원을 폐쇄하였다. 그 뒤 소르본에서는 6000여 명의 학생들이 항의 집회를 가졌다. 그러자 캠퍼스에 경찰이 투입되고 소르본 소재의 라틴구에서는 학생과 경찰 기동대 사이에 실랑이가 벌어졌다. 그 뒤 학과 집회, 항의 데모가 거듭되면서 데모 학생의 수는 5만 명으로 크게 불어나고 그에 교수와 노조 지도자들 그리고 사르트르, 게랑을 비롯한 지식인들도 가세하였으며 마침내 5월 10일의 '바리케이드의 밤'을 맞게 되었다.

이제 운동의 주체는 소수 이데올로기적 학생집단이 아니라, '일반' 학생이 되었다. 그러한 배경에는 정부의 구태의연한 교육 정책과 대학의 전근대적 현실이 크게 작용하였다.

프랑스에서 '대학 제도의 위기'가 논의된 지는 오래된다. 논의의 핵심은 대학의 대중화에 따르지 못한 교육과 연구시설의 미비, 마치 중세 길드 조직을 방불케 하는 대학 관리와 학풍, 교육의 부재와 전문 지식의 공동화空洞化, '배를 가라앉게 하여 유능한 자만을 구조하는 방식'의 각급 학교의 '가혹한' 시험 제도, 학사 실업자의 양산 등 대체로 대학을 둘러싼 문제였다. 그러나 문제는 점차 학외로 확산되었다. 1966년의 경우 대학 졸업생의 취업률은 10%였다. 이러한 현상은 학생들을 위기의식에 사로잡히게 하여 '대학을 뒤집어 놓아야 한다'는 과격한 발언들이 공공연히 불거져 나오고, 대학을 둘러싼 정치·사회·문화 전체에 대한 과격한 운동에 학생들을 투신하게 하였다. 교육 특히 고등교육기관은 바로 사회 체제 그 자체의 반영이다. 1968년 전후의 학생운동은 단순히 대학을 둘러싼 문제가 아니라 바로 선진 기술정보사회의 구조적 모순이 드러낸 '반란'이었다.

고등교육기관이 필경 대기업과 국가의 생산 체제 및 권력 전략과 발을 맞추어 나감으로써 규범을 상실하게 된 현실은 날로 사회의 무정부적인 작태를 조장하였으니 학생운동은 어느 학생이 부르짖었듯이 바로 대학을 둘러싼 '문명에 대한 투쟁'이었다. 학원 문제에서 출발하여 사회 전체에, 바로 억압된 체제에 '지속적인 이의異議'를 제기한 파리의 문화혁명의 첫 화살은 억압된 체제의 시녀이자 도구로 기능한 것으로 여겨진 대학으로 향했다.

붉은 깃발, 아나키즘의 흑색 깃발, 베트콩과 쿠바의 깃발이 휘날리는 60여 곳의 바리케이드를 파리 도심에 출현시킨 5월 10일의 '바리케이드의 밤' 이래 운동의 주체는 일반 학생들로부터 다시 '한 줌의 분쟁가'들로 옮겨졌다. 그들은 이데올로기와 투쟁 경력으로 무장된 '전문적' 학생운동가들이었다. 그들의 수는 전체 학생(약 60만 명)의 1~2%로 추산되었다. 대개가 좌파에 속한 그 과격파는 학생도 참가하는 '대학 경영의 공동 관리'를 슬로건으로 내걸었다. 그 선두에 콩방디Cohn Bendit, 제스마르Geismar 및 수바조Soub Ageot가 섰다.

'파리의 5월'의 주인공은 아나키스트이며, 로빈 훗 같은 유태계 독일 출신의 학생인 콩방디였다. '프랑스 학생 전국동맹(FNEF)'과 함께 운동의 주도 세력이던 교원 노조의 지도자 제스마르는 공산당을 포함한 모든 정당과 조직을 기성 체제로 보고 철저히 거부했다. 이들에 의해 마르크스, 레닌, 모택동, 게바라의 초상화가 거리거리에 나붙었다. 데모 학생들은 소르본을 점거한 데 이어 대학관리위원회를 조직하고 소르본을 '자유대학'으로 선포하였다. 그들은 '사소한' 개혁 따위는 관심이 없었으며 철저한 사회적, 문화적인 변혁을 쟁취하고자 하였다. 학생과 노동자들 그리고 좌파 여러 정당의 지도자들도 가세한 약 100만 명을 헤아린 13일의 데모 이후 2개월간 '학생 권력' '문화 혁명'의 구호가 프랑스 전역을 뒤흔들었다.

　그러면 '학생 권력'이란 무엇인가? 5월 운동의 리더의 한 사람인 수바조는 그것을 공장을 노동자 손에 넣는 '노동자 권력'과의 관련에서 "대학을 학생 손에 넣는 것이다"라고 규정지었다. 이 주장은 유럽 전역으로 메아리쳤다. 대학은 이제 학생 혁명가들에 의해 사회, 문화 혁명의 전초 기지가 되었다. 그들은 기존 체제를 '결정적으로 거부'하며 '참가하는 민주주의'를 주장하였다. 마르크스주의와 프로이드가 혼합된 마르쿠제의 신좌파 이론이 가장 매혹적인 이데올로기로서 받아들여졌다.

　같은 무렵 독일 학생운동을 지도할 사회주의독일학생동맹(SDS)의 영도자 두취케Dutshke는 마르쿠제 이론의 신봉자로 '영구 혁명'을 주장하여 끊임없는 투쟁의 과정을 통해 학생과 대중을 '의식화'하고자 하였다. 그의 이론과 활동에 대한 서독 학생의 반응은 다양하여 지지가 27%, 반대가 44%, 무관심이 29%였다. 이렇듯 학생의 대다수는 그 혁명 이론에 비판적이었다. 그러나 데모가 벌어지면 그들은 급진파에 합류했다. 어깨동무를 하고 목이 터져라 '반대'를 외치는 순간, 학생들은 '참가'라는 유대를 통해 결속력을 과시했다.

'학생 권력'은 정치와 이데올로기에 좌절되면서 1970년대 초에 이르러 '청년문화' 운동으로 바뀌어졌다. 기성 체제와 가치관에 기초를 둔 일반 문화와의 차별을 드러낸 반사회적, 반문화적인 '청년문화'의 태동, 그 상징인 히피(hippie)는 '혁명의 아들'에 뒤이은 고도기술정보사회가 낳은 서자庶子가 아니었던가? 교수 무용無用의 대학을 주장하고 일부일처제에 기초를 둔 가족 제도의 폐지를 인간 해방의 첫걸음으로 주창한 청년문화의 전사들을 우리는 '이유 없는 반항' '정체불명'으로만 부정할 것인가?

유럽과 미국의 대학 및 지식사회는 그간의 학생운동을 불가피하고 바람직한 '대학 개혁 운동'으로 평가하고 특히 그 역사의식과 사회의식을 긍정적으로 인식하고자 하였다. 과격파의 규탄의 표적이던 프랑크푸르트학파의 하버마스는 '과격한 개혁주의가 이룩할 수 있는 정통성'의 역할을 높이 평가하였다. 그러한 긍정적인 시각은 지식사회를 넘어 체제 핵심부에서도 나타났다. 5월 운동이 한창일 때 대통령 드골은 학생들의 주장을 '자연스러운 것'이라고 말하고 대학 제도의 근본적 개혁 및 그것을 위한 교수와 학생의 참여를 촉구하는 한편 국민의 '참여'에 의한 '참여의 사회' 건설을 역설하였다. 체제 수호라는 전략적인 발상으로부터 비롯된 전통주의자 드골의 약속은 같은 해 10월 국민의회를 통과한 「고등교육 기본법」에 의해 그런대로 지켜졌다.

이 기본법은 고등교육의 철저한 국가 관리를 규정한 나폴레옹 학제學制를 타파한 것으로서 학생을 대학공동체의 한 요소로서 인정하고 학생 '참가'의 권리를 부여함을 특징으로 한다. 이 법안 제정에 앞서 폴 교육장관은 수바조, 제스마르 등 5월의 투사들과 끈기 있는 대화를 나누었다. 한편 1970년대 이래 학생운동, 대학문제, 젊은 세대의 의식 및 행동의 양태를 연구 대상으로 하는 사회학적 이론화가 진행되고 새로운 학문의 장르가 모색되었다. 이렇듯 1968년 5월의 학생운동은 하나의 '혁명'으로서 역사적인 의의를 획득하고 있는 것이다. 아래에 요약하여 옮기는 「프랑스 고등교육 기본법」은 1968년 이후 세계 여러 나라 대학의 '민주적' 개혁에 선도적 역할을 다하였다.

「프랑스 고등교육 기본법」

(1) 대학의 제도(생략)
(2) 대학 관리의 자치와 참가

학술기관 및 대학의 관리는 이사회에 의해 시행되고 교육 연구 단위(unit)는 이사회가 선출하는 장長에 의해 지휘된다. 즉 종래의 중앙집권적인 프랑스의 학구제學區制 총장인 대학 학장은 대통령 임명이며 학부장은 대학 추천으로 교육부 장관이 임명하였으나 새 법안에 의해 이사회의 선거로 선출된다. 그리고 이사회는 참가의 정신에 의해 교수·연구원·학생 및 사무직원으로 구성된다.

(3) 학생의 참가

학생은 대학공동체의 일원으로서 대학 및 각 교육 연구 단위의 운영에 참가할 수 있다. 그 비율은 교수·조교수·강사 등 교원 대표는 학생이 참가하는 이사회에 있어 적어도 동수여야 한다. 또 이사회에는 대학(대학인) 이외의 국외자 즉 학식 경험자와 같은 인물을 이사회 구성원의 5분의 1 이상, 3분의 1미만으로 참가하게 한다. 학생 대표는 최고 3분의 1까지의 결정권을 갖는다.

이사회의 학생 대표의 선출은 각 학과學科와 같은 단위에서 선출한다. 학생 대표의 선거에 있어 투표율이 60%이하일 때는 비례대표제가 된다.

(4) 대학의 자치

교육과 연구는 어떠한 경우에도 중립이어야 한다. 학생은 공공의 질서를 해치지 않는 정도로 정치적·사회적인 자유를 지닐 수 있다. 시설물(학생회관과 같은)의 관리는 이사장 혹은 교육 연구 단위의 소장이 행한다. 학생 참가가 허용되지 않는 영역은 시험, 교원의 채용, 승진 등의 인사 문제, 학위의 수여 등이다.

그러나 그 밖의 대학의 모든 재정적·교육적인 결정에는 학생이 참가할 수 있다.

1968년 3월 파리대학에서는 이 기본법에 따라서 학생 대표의 선거가 행해졌다. 소르본 구내에는 기본법에 대한 보수파와 중도파 학생들의 지지 성명과 함께 '참가는 학생의 권리를 탄압하는 구실이다' '포르개혁법을 분쇄하기 위해 학생참가를 거부하자'는 과격파인 전학련의 전단이 여기저기에 붙여졌다. 전학련의 사무국장은 그 반대 이유를 다음과 같이 밝혔다.

"학생 참가를 중심으로 하는 포르의 개혁안은 학생을 값싸게 양성하고 월급쟁이로 만들어 자본주의 체제에 봉사시키고자 하는 것이다. 그 정치적인 의도는 학생을 참가시켜 고용주측의 요구에 대학을 적응시키려는 계획을, 학생들 자신에 의해 보장시키고자 하는 데 지나지 않는다. 그러므로 우리들은 그 보장을 부여함을 거부하는 것이다."

제1회의 선거는 전국 평균 52%의 투표율을 보였다. 대학가의 '지속적인 이의'는 계속된 것이다. 그리고 그 '이의'야말로 대학인과 대학문화의 본질이며 징표임을 우리는 잘 알고 있다.

버클리의 철학

1968년 5월의 학생운동은 유럽과 미국의 대학사회에 큰 충격을 주어 '68년 5월 세대'라는 변혁을 지향하는 젊은 지식인 집단을 창출하였다. 많은 대학이 '대학 문제'의 구조적인 심각성을 인식하여 대학의 운영과 학풍을 중심으로 한 대학 쇄신에 새로운 패러다임을 도입하는 한편, 제도적으로도 갖가지 개혁에 거교적으로 동참했다. 1968년 이전에 이미 미국에서 학생운동이 가장 격심했던 버클리대학의 경우 1965년 3월 교육특별위원회를 설치하고 대학 개혁의 프로그램에 착수하였다. 아래에 요약하여 옮기는 「버클리의 철학」은 1966년 3월에 동 위원회에 의해 작성된 보고서(전문 228쪽)의 제1장 서설이다. 이 글은 바야흐로 대학 개혁의 와중에 놓여 있는 이 땅의 대학 문제에 관심이 있는 이들에게 시사하는 바가 적지 않다.

「버클리의 철학」

우리들은 거대한 국내·국제적인 발전의 일환으로서 고등교육의 역사적 위기에 대한 회답을 긴급히 필요로 하고 있다. 이 위기의 주요한 이유는 곧 바로 확인될 듯 싶다. 현대 사회에서의 변화, 지식의 증식, 인구 증대, 사회적 기대의 변화, 새로운 세대의 학생 출현 등이 그것이다. 이렇듯 대학을 구성하는 거의 모든 주요한 요소 ─ 교사·학생·지식 자체 및 이들의 사회적 기반은 일찍이 없었던 변혁의 상황에 있다. 그 결과 광범위한 변화를 피할 수 없게 되었다. 우리의 첫 번째 의무의 하나는 버클리의 교육의 갖가지 요소를 보다 더 조화롭게 하고 미래의 변화에 대해 학원의 안정을 유지하는 방법에 진지하게 접근하는 일이다. 그 까닭은 고도의 과학기술, 엄청난 사회-경제력의 세계에 있어 미래를 약속하는 것은 정체가 아니라 가속적 변화이기 때문이다. 이 세계에서 살아남고 번영하는 대학이란 다른 모든 중요한 제도가 그렇듯이 변화를 받아들이면서 그 통합과 안정을 유지하는 대학일 것이다.

학문 공동체가 영속적인 건강을 지키기 위해서는 대학이 오랫동안 정체한 뒤 급격히 조정하고 그 충격에 시달려야 하는 길을 택하는 것이 아니라 점진적으로 계속하여 변혁하는 편이 바람직할 것이다. 그러므로 우리들의 구체적인 많은 권고는 실질적인 실험을 위한 것이며, 미검증의 대규모 변혁을 위한 것이 아니다. 우리들은 이러한 관점에서 '모든' 학생과 '모든' 학과에 대해 규칙의 테두리를 세우고자 하는 유혹을 가능한 한 피하였다.

우리들은 일정한 변혁이 언제 어디에서 항구적으로 채택되어야 하는가를 결정함은 성실한 실험임을 굳게 믿는다. 여러 개혁이 가장 성공하기 쉽다고 생각되는 것은 그것들의 선택이 여지를 남기고 그 위에 실시 내지 실험적 시행試行을 위한 수단이 제공되고 수익 예정자의 판단에 맡겨질 경우이다.

우리들은 전적으로 동일한 관점에서 개개 학생의 교육을 생각한다. 우리의 학생 집단은 너무나 거대하고 다양성이 크며 변화하고 있으므로 누구에게나 통용되는 공식은 대개 적합하지 않았다. 학생수나 그 규모가 가장 중요한 문제이기는 하지만 그래도 학생은 두려운 재산이다. 우리들은 한 종류의 교육에 한정할 필요가 없다. 우리들은 현행 교과과정보다도 풍부하고 다원적인 커리큘럼을, 학생의 다양성에 더욱 잘 합치된 교육의 총체적인 스펙터클을 창출할 방도를 지니고 있다. 학생에게 풍요한 기회, 관대한 지도, 많은 실험이라는 여지가 주어지고, 그들이 자신의 교육에 관한 중요한 결정을 가능한 한 스스로 할 수 있는 것이야말로 학생에 대한 우리들의 이상이다.

　　교과과정에 관한 우리들의 가장 중요한 제안은 우리의 가장 긴급한 요청에 대응해 제기되고 있다.…… 학부 학생이든 대학원 학생이든 많은 학생에 있어 인간으로서 또 시민으로서 제1의 관심사와 교육 사이에는 이제까지 적절한 연결이 존재하지 않았다. 우리들은 이 연결을 더 한층 분명하게 하고 우리의 강의 내용이 시대에 뒤떨어진 까닭에 절실한 인간적 관심과의 접촉을 상실한 것들을 배제할 필요가 있다.

　　대학은 전문가 양성에 지나치게 몰두하고 있으며 우리들은 편협함과 할거주의라는 영원한 위험에 직면하고 있다. 특히 신입생에게는 지나치게 일찍부터 전문화를 요구하지 않도록 보호할 필요가 있다. 동시에 우리들은, 자기가 무엇을 하고 싶은가를 알고 있는 학생에게는 적시에 충분한 영역을 부여하여야 한다. 왜냐하면 이것이야말로 때때로 풍요한 결실의 새 원천이 되고 학생들로 하여금 넓은 지성과 특수한 관심의 전망으로 나아가게 하는 확실한 방법이기 때문이다.

광대한 캠퍼스의 비인격성, '소외'감에 대해 우리들은 오리엔테이션, 조언助言, 학급 규모의 세미나, 개인지도(tutorials), 그룹지도 및 대학의 정책 결정에서의 학생 발언 채택에 관해서도 특별한 권고를 하였다. 학교생활의 의미 관련을 명백히 하기 위해 우리들은 많은 방도를 권고한다. 그 중에는 입문 코스에서 '개론'적 방법보다도 '문제 지향'적 방법의 채택, '특별' 코스의 설정, 선택 과목으로서 '실지 조사'의 설정, 대학원 교과목을 개인에 맞추어, 장래의 교직에 보다 더 잘 적합 시킨다는 권고도 포함된다.…… 대학은 전 학생의 일반 교육(교양, general education)을 위해 더욱 큰 공식적 책임이 긴급히 요청된다. 그리하여 전문학부에 대해서는 현행의 학습 계획과는 다른 계획을 준비하고 학생이 자기의 전문 분야 이외에서 실험할 수 있도록 성적을 중요시 하지 않고, 한편 교양학부에 대해서는 '교양 필수'라는 새 개념을 고려할 것을 권고한다.……

연구(내지 창조성)야말로 버클리의 특징이다. 연구 없이는 버클리는 다른 학원과의 구별이 없어질 것이다. 주州 제도 자체가 교육기관의 다양화에 충실하고 있으나 그중에서도 버클리대학은 진실로 탁월한 연구 수준을 유지할 의무를 지닌다. 우리들은 '교육'과 '연구'는 양립될 수 없다는 가정에 기초한 단순한 공식론을 배제한다. 그보다도 우리들은 어떻게 하면 교육과 연구의 상호 촉진이 보다 더 잘 실현되는가를 시사하도록 노력하는 것이 본 버클리대학에 정당함을 인식한다. 이 점에서 우리들의 이상은 연구의 흥분과 권위에 가득 찬 교육이며, 교육의 인간적 요구에 호응하는 연구이다. 우리들의 이상적인 교수란 초서의 서기書記와도 같이 '기쁨에 차 배우고 기쁨으로 가르치는' 인물이다.

교육과 연구의 긴밀한 상호 침투에 의해 본 학원에 특별한 성격이 부여될 뿐만 아니라 그에 의해…… 다원적인 제도는 극히 다양한 교육적 경험을 제공할 수 있는 바 그 밑바닥에 있는 공분모公分母는 무엇인가? 우리의 학생들이 공통적으로 지녀야 할 것은 무엇인가? 이에 대한 우리의 해답은 이념적으로 말하면 그들 학생은 과학적이며 인도적인 고귀한 자세에 공통적으로 접하고 그 자세가 우리들 모두의 행위 속에서 예증되어야 한다는 것이다. 그러므로 버클리의 교육에 궁극적인 가치를 부여하는 것은 우리들이 가르치는 내용이 아니라 우리의 존재 양식이다. 우리는 버클리에 대해 학자가 아닌 교사라는 이념을 거절한다.…… 학식이야말로 뛰어난 교육을 추진하는 것이다. 또 타인을 가르친다는 것은 교사의 인간적 요구의 큰 부분을 이룸으로 긴 안목으로 보아 학식의 필요의 근거가 되는 것은 이 인간적인 요구뿐이다.

같은 이유로 하여 교사가 아닌 단순한 연구자를 교수진

으로 맞이할 여지는 없다. '교육에서 유리된' 학자에게는 연구소나 기업이 적당하다. 그러나 대학의 이상은 학문이 교육에 봉사하는 이상이어야 한다.…… 교육에 의해 우리들은 우리의 학문이 인간적 의미 관련을 지니고 있는가 하는 여부를 직접 테스트하고 우리들 자신이 젊은이들의 고유한 노력의 목표가 되고자 향상한다. 빈약한 교육이나 교육의 경시를 우리 대학에서 옹호할 수는 없다. 궁극적으로 말하여 교육의 경시는 우리들의 연구 그 자체의 의미를 해친다. 왜냐하면 교육의 경시는 비인도적이며 학문의 정신과 조화하지 않기 때문이다.……

대학은 계속적인 적응과 변혁의 능력을 학원 속에서 구축했어야 했다. 학원 속에서 시행과 실험의 지속적인 전통을 세웠어야 했다. 우리들의 이러한 전통을 항구화하기 위해 제출하고 있는 여러 제안은 아마도 이 보고서 중에서 가장 중요한 제안일 것이다.

대학의 본질과 한국 대학의 위상

유럽 중세의 대학

대학, 제신들의 투기장

막스 베버는 대학을 유럽적인 창조물이라고 한 바, 이때 그는 대학을 가리켜 '제신諸神들의 투기장'이라고 지칭하였다. 제신들의 투기장이란 대학이 각기 다른 교리나 종파, 사상과 이데올로기, 학문의 방법론 내지 학파가 서로 만나고 실험되며, 대립하면서도 서로 존중하는 지적 토포스임을 말한다. 유럽 문명의 본질 속에 우리는 고대 그리스 이래의 경주競走의 문화를 엿보거니와 대학은 특히 지적·학문적인 열린 경주의

장이다. 이러한 사실은 이슬람 문명권이나 유교 문명권에 있어 교육기관이 특정한 종파 내지 국가의 시설로 세워지고 특정 교리를 교육 이념으로 삼아왔다는 사실과 참으로 대조적이라 할 것이다.

'제신들의 투기장'으로서의 대학의 존재에는 무엇보다도 자유가, 종파와 국가체제로부터 해방된 대학의 독자적인 자유가 전제되었다. 대학이 학문하는 자유를 본지로서 내세우며, 그것도 12세기 그리스도교적 봉건사회 속에서 탄생했다는 사실은 참으로 놀랍다고 할 것이다.

대학은 도시를 요람으로 탄생했다. 유럽의 도시는 11세기 초에서부터 12세기에 걸쳐 각지에서 코뮌 운동이 열매를 맺으며 정치적 자유를 누리는 자치도시가 여러 지역에서 등장했다. 도시의 자유야말로 대학을 창출한 원동력이었다.

유럽이 그리스도교적 공동체를 이룬 중세는 국가 혹은 국민의 경계나 구별이 의미가 없던 시대였으나 대학인과 대학사회는 특히 코스모폴리탄적인 성격이 강했다. 파리대학의 경우 학생들은 프랑스 전역과 영국, 이탈리아, 독일, 스칸디나비아 등 여러 나라로부터 모여들었다. 학원가는 거기에 거주하고 왕래하는 교사나 학생들이 라틴어를 사용했으므로 '라틴구區 (quartier latin)'라고 불렸다. 파리대학의 학칙은 '프랑스어를 섞지 않고' 라틴어로써 담론할 수 있는 능력을 학생에게 요구했으며, 교수들도 유럽 전 지역의 출신이었다. 파리대학은 국제적이며 세계시민주의적이었다. 그리고 또한 주목할 사실은 대학공동체는 신분의 의식이나 차별이 거의 없었다는 사실이다.

파리대학은 학생은 물론 교수들도 사회 모든 계층의 출신으로 구성되었다. 그중에는 귀족 가문의 출신이 없지는 않았으나 교수와 학생의 대다수는 중산층, 즉 하급 기사, 교수와 교사, 자작농, 상인, 장신의 자제, 그리고 성직자의 조카 등이었다. 그밖에 수도원이나 성당이 추천한 극빈 집안 출신도 진학할 수 있었다. 그리고 그 출신이 어떻든 교수와 학생은 모두가 성직자의 신분이 되었다. 그만큼 그들은 대학인으로서의 정체성과 일체감을 공유했다. 그렇듯 모든 계층 출신이 대학 공동체를 이루었으며, 이런 현상은 지식과 학문이 극소수의 지배계층에 의해 독점된 다른 문명권의 경우, 정치(권력) 엘리트는 지적 엘리트였고, 그로 인해 지식과 학문은 체제 지향적이며 순응적이기 마련이었다. 그러나 유럽에 있어 정치 엘리트와 지적 엘리트는 대체로 그 출신을 달리하였으니 그 결과 지식과 지식사회는 체제비판적인 세력으로 기능하였다.

대학의 특권 내지 자유의 핵심은 대학의 자치권이다. 즉 대학은 교수와 학생에 의해 자치적으로 다스려지고, 대학 구성원 전체가 선출한 총장에 의해 대표되었다. 그런데 '연구 공동체 파리의 교사와 학생의 동업조합(Universitas studii, Universitas Magistorum atque Scholarium parisisiensium)'이라는 파리대학의 정식 명칭이 말해 주듯이 교수와 학생의 길드에서 총장은 '대등한 자의 선두'에 지나지 않았다. 대학의 최고 권한은 총장을 선출한 대학 구성원 전체의 총회에 있었다.

대학 자치의 특권의 핵심은 대학의 재판권이었다. 중세의 대학인은 대학의 재판권에 예속되고 교회법이나 국법 및 도시법에 구속받지 않았다. 대학은 일종의 치외법권적 존재였던 것이다. 그리고 대학은 그 특권을 보호하기 위해 '강의 정지停止'와 '대학 이주移住'라는 각별한 권리를, 즉 대학이 원할 때에는 언제든지 개강하지 않거나 대학을 다른 지역에 옮기는 권리를 행사하는 특권을 지녔다. 학생들은 교수들과 마찬가지로 특권적인 존재라는 자의식을 굳게 지녔다.

담론과 교양

자치 및 자유의 특권과 더불어 중세 대학의 본질로 '담론'의 학풍을 들 수 있다. 중세 대학의 교수방법으로는 '강의'와 '토론'의 두 가지 방식이 있었다. 그런데 교수가 정해진 텍스트를 구술하고 해설하는 <강의> 과목 이상으로 <토론> 과목이 중요시 되었다. 담론은 그것을 주도하는 교수가 주제를 미리 정하고 공개적으로 널리 알린다. 담론에는 학생과 졸업생 및 교수도 참가한다. 담론을 제기하고 주관하는 교수는 '이론異論' 제기에 대해 반론하고 결론까지도 내린다. 그 결론에 대해서도 반대 의견이 제기된다. 담론의 모든 진행은 빠짐없이 기록되며 그 중요성은 결론이 무엇이냐에 있지 않고 담론 그 자체의 과정과 해법에 의미를 찾는 데 있다. 파리대학의 학습법의 핵심은 교본으로 정한 텍스트를 '원문 읽기'로부터 시작하여 '질문'을, 질문으로부터 담론을 이끄는 방법이었다. 담론을 통해 학생들로 하여금 문제를 제기하고 스스로 생각하고 그 생각을 자신의 담론 혹은 문장으로써 표현하게 하였으니 교육 내지 학습이란 바로 담론에 의한 변증법적인 지적 훈련 (discipline)이었다.

대학의 담론의 학풍은 근대 이후 세미나(seminaire)에 이어지고 담론 공동체로서의 대학의 학풍을, 담론하는 유럽의 지적 풍토를 또한 발전시켰다. '제신들의 투기장'인 대학에 담론하는 학풍, 지적 풍토를 뿌리내리게 한 인물은 바로 아벨라르 (Abelard, 1079~1142)였다. "물음을 통해 우리는 탐구하고 탐구를 통해 진리를 찾는다"라고 주창한 '변증법의 기사' 아벨라르. 신앙의 이름 아래 '신성한 무지無知'를 내세웠던 시대는 이제 과거가 되었다. 단순한 강의용 교본과는 판이한 유럽 최초의 방법론 서술이라고 할 그의 저작 『가와 부』를 통해 아벨라르는 그의 학생들을 물음과 담론의 숲으로 인도했다. 아벨라르가 '최초의 교수' '최초의 지식인'이라고 불리는 이유이다. 담론의 학풍을 통해 이제 지난날의 '학식자(sauants, docters, clers)'와는 구별되는 '지식인(intellectuel)'이 탄생했다. 담론하는 학풍과 더불어 중세 대학을 특징지은 것은 교양 우선의 학풍이다.

중세 대학의 교육과 연구의 중심기관은 '학부'이다. 학부는 학예학부와 신학부, 법학부, 의학부 등 네 개의 학부로 구성되었다. 그러나 대학의 대학다운 본질을 잘 드러낸 것은 학예학부(faculte des arts)였다. 학예학부의 핵심은 7자유학예(문법·수사학(변론술)·논리학·산수·기하학·음악·천문학)이며 그 중에서도 특히 논리학(변증법→철학)과 수사학(문학)의 연구 및 학습이었다. 담론과 교양의 학문인 철학과 문학은 고대 그리스 이래 중세를 거쳐 연대에 이르러서도 유럽 교육과 지식 및 학문의 기본이며, 그것을 '자유학예'라고 함은 '자유인'을 위한 '학예'이며 '교양'이기 때문이다. 교양과목을 이수하는 학예학부는 훗날 교양학부 혹은 철학부로 불리게 된다. 파리대학에 있어 모든 학생은 학예학부를 마친 뒤에 신학부, 법학부, 의학부 등 전문학부에 진학할 수 있었다.

학예학부의 교수들은 그리스도교의 교리 중심의 도그마적인 신학부 교수나 체제 지향적인 법학부 교수 및 전과학적前科學的인 의학부의 교수와는 달리, 자유로운 세속적·비판적인 정신과 지적 정열을 지녔다. 학예학부의 교수는 바로 철학자였다. 중세에서 철학자란 그리스도교적 휴머니즘의 구현자를 의미했으며, 그들은 신학부 교수들과는 다른 패러다임을 지니고 신학적·철학적인 과제를 둘러싸고 때때로 신학자들과 맞섰다. 금서禁書였던 아리스토텔레스의 저작도 그들에 의해 연구되고 교수되었다. 철학적인 학예학부 교수들의 지적 정신에 의해 학예학부는 가장 자율적인 학부로 발전하고 또한 대학의 위상을 높였으니 학예학부야말로 담론과 교양 공동체로서의 대학의 본질을 선명하게 부각했다고 할 것이다. 한편 학생과 교수가 어느 학부보다도 많았던 학예학부의 장은 대학 전체의 장이었으니 학예학부는 그 본질과 조직에 있어 명실 공히 대학의 중심이었다고 할 것이다.

근대 대학 및 산업사회 속의 멀티버시티

　중세 대학은 17세기에 이르러 큰 전기를 맞이하였다. 관료제 중심의 법치국가 및 근대적 시민사회의 성립은 자본주의의 물결을 타고 갖가지의 전문직을 창출했다. 전문직은 새로운 사회 세력으로서 봉건적인 신분 사회를 타파하고 근대적 시민 사회의 원동력으로 부상하였다. 그러한 사회사적 전환은 필연적으로 고등교육과 학문의 세계에 새로운 패러다임을 불러 일으켰으니 근대적인 개별과학(個別科學, discipline), 즉 전문학의 성립이다. 개별과학은 날로 전문학의 성격을 더해갔으니 '과학혁명(scientific revolution)'이 또한 그에 크게 이바지하였다. 베를린대학의 창립, 런던대학의 출범 및 프랑스의 그랑-제콜이 밝혀주듯이 이제 대학의 최대 과제는 전문직의 양성을 위한 전문학의 학습 및 연구가 되었다.

　근대적 시민사회는 합리적이며 기능적인 전문직 집단의 사회이다. 그러면서도 또한 폭넓은 담론에 의한 공공성公共性의 창출을 특징으로 하는 사회이다. 17세기 전문학의 시대에 이어 계몽주의에 의해 상징되는 18세기 담론의 시대가 도래 하였다. 그러한 시대적 상황 속에서 칸트는 논문 「학부의 싸움」을 발표하였다. 칸트에 의하면 철학은 국가 체제로부터 자유로운 동시에 '실무가'인 성직자나 법률가·의사 등 전문직을 위한 '모든 학부의 강의와 관련을 맺고' 그것들을 뒷받침하고 '검증하는' 역할을 지닌다. 칸트는 기능주의적인 전문학에 우월한 철학, 즉 담론과 교양의 학풍을 대학의 본지로서 강조하였던 것이다.

최초의 근대적인 대학으로 일컬어지는 베를린대학의 지도 이념은 '학문을 통한 교양(Bildung durch wissenschaft)', 학문과 교양의 일치가 아니었던가? 훔볼트의 이상주의적인 대학관, 학문관, 그리고 교수-학생상은 제2차 세계대전 이전까지 베를린대학을 본받은 세계 각국 대학의 지도 이념이 되어 왔다.

오늘날의 대중산업사회는 고등교육의 대중화를 초래하고 규모나 기능에 있어 극히 다원적인 대학, 즉 멀티버시티의 출현을 가져왔다. 지난날의 대학은 일부 엘리트 계층의 대학이었으며 학위증서는 신분의 징표요, 미셸 푸코가 지적했듯이 지식과 학문은 바로 권력이었다. 그러나 대중사회에 있어 지식과 학문 그리고 대학은 만인 앞에 개방되었다. 멀티버시티는 학생의 진학 동기, 선발 기능, 교과과정, 교육과 연구 방법, 학생과 교수의 위상, 대학 운영과 관리의 방식 등 대학의 시스템, 학풍, 대학문화, 대학사회 전반에 큰 변화를 초래했다. 그런데 다원적 대학의 최대의 문제점은 지식과 학문 그리고 교육이 '산업화' 과학을 중심으로 분화되고 전문화된 점에 있다. 대학이 산업적, 기업적 생산성 내지 그 원리에 의해 관리되고 운영되고 있다는 사실이다.

대학의 본질은 교육과 연구에 있다. 그러나 산업화 과학의 우위는 교육과 연구의 불균형을, 인문·사회과학과 자연과학, 교양학과 전문학, 기초과학과 응용과학(기술과학) 간의 불균형을 초래했다. 공통된 언어를 상실한 아톰적인 전문직의 사회, 도구적 기술 지배의 메커니즘, 인간 소외 현상, 이렇듯 현대 문명의 문제성과 위기의 밑바닥에 우리는 멀티버시티라는 거대한 바벨탑이 내포한 심각한 문제성을 지적하지 않을 수 없다.

1968년 5월, 파리의 이른바 '대학 혁명(academic revolution)'을 절정으로 마치 중국의 '문화대혁명'을 방불케 한 1968년 전후 서유럽, 미국, 일본 등 고도기술산업사회에서 일어난 학생반란은 산업주의에 오염된 대학과 대학을 둘러싼 고도기술산업사회에 대한 휴머니즘적 투쟁이었다. 그런데 유럽과 미국에서는 문제의 심각성을 인식하고 대학의 제도와 운영, 학풍 전반에 걸쳐 구조적인 쇄신에 착수했다. 그 대표적인 모델로서 우리는 버클리대학의 개혁 프로그램, 즉 「버클리의 철학」을 들 수 있을 것이다. 그 핵심은 바로 인문주의적 교양과 담론의 학풍을 복원해야 한다는 철학이었다. 담론하는 교양과 전문학의 조화, 교양과 전문성을 두루 갖춘 지식인의 창출, 이것은 오늘날에도 유럽과 미국 대학의 최대의 과제로서 지속적으로 논의되고 추구되고 있다. 그러면 우리 한국 대학의 현실과 위상은 어떠한가?

산업의 논리에 따르는 한국의 대학 개혁

오늘날 한국 대학의 화두는 대학의 경쟁력 강화에 있을 성싶다. 그리고 이 경쟁력 강화와 관련해서 대학의 구조적 개혁 및 세계화가 현실적 과제로 검토되고 있다. 이러한 현상은 오늘날 각국의 대학이 공통적으로 직면한 역사적 과제로 이해된다. 우리의 경우, 문제는 대학을 둘러싼 개혁 논의가 대체로 경제적 마인드에 의해 구상되고 추진되며 그 궁극적 목적 또한 국가와 대기업의 경제적 경쟁력을 높이는 데 집약되고 있다는 사실이다.

우리는 1960년대에 산업사회로 진입하면서 여러 전문직 집단이 국가·사회의 근대화·산업화에 중추적 역할을 다했다. 전통적인 농업사회로부터 기술산업사회로의 전환이라는 그간의 급속한 변화에는 고등교육의 근대화가 전제되었다. 그런데 국가 권력의 주도 아래 강행된 근대화가 산업화를 의미했듯이 고등교육의 근대화 또한 산업화에 초점을 맞춘 기능적·도구적인 성격이 두드러졌다. 그 과정에서 우리는 지난날 성균관成均館과 과거제도科擧制度가 상징한 빛나는 숭문주의崇文主義의 교육 전통을, 옛 사대부 계층이 지녔던 담론과 교양의 선비문화를 저버렸다.

교육, 특히 고등교육은 그것을 둘러싼 사회의 거울이기 마련이거니와 산업화 중심의 근대화가 일종의 허구로, 갖가지 정치 사회적 부조리不條理를 드러내었듯 우리의 대학 및 그것이 낳은 고학력 사회 또한 구조적인 모순과 문제성을 잉태한 채 오늘에 이르렀다. 한국 대학이 안고 있는 문제점을 우리는 재정적 취약성으로 인한 교육과 연구 환경의 낙후, 대학에 대한 관권의 간섭(고교등급제·본고사·기여입학제 등의 금지), 학생선발과 대학 시스템의 비합리성, 가부장적 연고주의를 탈피하지 못한 '순수 교배交配'의 교수인사, 엄격한 업적주의와 지적 긴장의 부재, 교양교육과 학생 훈련의 부실 그리고 대학 모델의 획일화 현상 등으로 요약할 수 있을 것이다.

이상과 같은 전근대적 결함을 안은 채 한국의 대학은 바야 흐로 국제 경쟁력이라는 감당키 어려운 시련 속에 던져졌다. 1990년대 이후 범세계적으로 추진되고 있는 대학 개혁의 문제는 다국적 자본과 고도기술정보산업이 선도한 현대 문명의 세계화와 깊은 관련이 있다. 이 세계화 현상은 국가와 국민의 경계 내지 구별을, 그리고 특히 문화적 전통을 무의미하게 만든다. 나아가 국민국가와 국민문화에 기반을 둔 근대 대학의 해체를 의미하기도 한다. 대학사상 일찍이 없었던 이 대전환의 시대에 있어 유럽 및 미국의 대학은 개혁을 역사의 필연으로 인식하면서도 그들의 문명사적 기반 위에서(!) 대학 개혁의 최대 동인動因으로 작용하는 산업사회의 세계화 현상에 '적응과 도전'의 두 원리로 대응하고 있다. 세계화란 그 본질에 있어 다국적 자본이 주도한 경제적 세계 시스템임을 그들의 대학과 대학인은 잘 알고 있는 것이다. 유럽 및 미국 지식사회의 창조적 주류는 문학과 예술 세계에서와 마찬가지로 기술산업 사회에 대해 일관하여 적대적이었으며, 또한 체제의 한복판에 존재하면서도 언제나 일정한 거리를 두고 체제에 맞서 왔다. 그러면 우리 대학의 현실은 어떠한가?

우리의 대학은 각계 전문가 집단의 배출을 통해 이 땅의 근대화·산업화에 크게 기능하는 한편, 4·19 학생혁명이 상징하듯 독재체제에 맞서 민주화의 실현에 선구적 역할을 다하였다. 그러나 그간의, 그리고 아직도 그치지 않고 있는, 대기업 중심의 왜곡된 산업화 현상에 대해서는 침묵을 지키고 있다. 어디 그뿐일까? 지금 대학 개혁에 있어서 특히 산업의 논리, 기업의 논리에 따라서 대학 문제를 생각하고 총괄하고자 하는 반역사적 어리석음을 범하고 있다. 그 어리석음과 함께 대학 시스템의 다양화나 차별화를 가로 막는, 그리고 연구 공동체로서의 대학의 본질을 망각한 평등 이데올로기 및 대학인의 집단이기주의를 경계하면서 대학의 바람직한 위상位相을 생각해 보자.

세계 시스템 속의 새로운 지(知)를 향해

교육과 연구 공동체로서의 대학은 학부를 중심으로 발전하였다. 그런데 오늘날 국제화 시대에 상응한 새로운 지知의 창출은 지난날의 지, 학부나 학과를 울타리로 뿌리를 내린 지식과 학문의 극복을 요구하고 있다. 그리고 그 모태인 학부와 학부 중심의 근대 대학의 난파를 초래하고 있다. 과학은 그리고 그것이 만들어 낸 기술과 산업은 구경을 모르며 국민적·문화적인 차이도 아랑곳하지 않는다. 그리고 과학은 종교나 사상, 정치가 이르지 못한, 세계를 하나로 묶는 네트워크를, 세계 시스템을 구축하였다. '세계 시스템' 개념으로 근대 자본주의 사회를 분석한 사회학자 월러스틴Wallerstein은 오늘날 대학과 학문·지식의 문제를 세계 시스템의 상황과 관련지어 논하고 있다.

월러스틴에 의하면 1750년대에 이르러 지난날 철학부 내에서 함께 학습된 인문-자연학은 인문학적 지와 과학적 지라는 '두 개의 문화'로 분열을 일으켰다. 대학을 근거지로 지속된 두 지적 형태는 20세기 후반기에 이르면 과학적 지의 우위가 결정적이 되었다. 그리고 그것을 뒷받침한 것은 과학의 '유용성'으로부터 혜택을 받고 그에 대해 전적인 신뢰를 보낸 대기업과 국가권력이었다. 고도기술산업사회란 과학-기술과 산업경제가 하나가 된 사회이다. 그런데 지난날 봉건 신분체제를 타파하는 데 이바지한 과학의 '진리'는 인간과 자연을 억압하는 폭력으로 둔갑하였다. 1968년 전후의 학생반란은 과학에 대한 휴머니즘적인 젊은 세대의 반란이었다. 인간과 사회 및 인간의 자연의 유대를 위한 새로운 지의 구축은 오늘날 대학과 대학인의 긴급한 과제이니, 우리는 지식과 학문을 전문학 및 개별과학으로 나누고 차별화한 지난날의 학부 및 학과 중심의 대학구조에 대해 일찍이 없었던 검증을 하여야 할 것이다.

오늘날 생명과학·정보과학·환경과학은 어느 학부, 어느 학과에 속해야 마땅할까? 모든 학문이 '학제적(學際的, interdiscipline)'이어야 한다고 주장된 지도 오래되었다. 지난날의 지식과 학문 개념의 '해체'가 불가피한 시대적 상황 속에서 우리에게는 더 이상 전공학이라는 개념은 존재하지 않는다. 지의 탐구자란 인문학·사회과학·자연과학을 가리지 않는, 모든 영역으로 자유로이 왕래하는 '밀렵자'가 되어야 한다. 인문학, 사회과학, 자연과학이 삼위일체三位一體를 이루는 종합적인 지의 구축, 그 길을 우리는 어디에서 찾을 것인가?

산업 중심의 세계 시스템과 기술만능의 글로벌한 정보사회 속에서 시장지상주의가 교육과 연구의 프로젝트를 좌우하고 있는 오늘날, 새로운 지의 콘셉트를 창출함으로써 대학이 지닌 독자적이며 보편적인 공공성을 구현할 길은 아직도 존재할까? 우리는 그 길을 어떠한 전략을 통해 찾을 수 있을까? 오늘날 우리 대학사회에서는 대학사상 유래가 없는 구조개혁이라는 강박관념에 억눌려, 그로 인해 급조된 개혁 프로그램이 범람하고 있다. 그런데 대학을 둘러싼 모든 논의는 대학이란 본질적으로 무엇인가 하는 대학인의, 아니 우리 사회 전체의 자기성찰에서부터 출발하여야 할 것이다.

'제신들의 투기장'인 대학은 어떠한 도그마도, 그것이 교회의 도그마건 국가-민족의 도그마이건 혹은 이데올로기나 산업의 도그마이건 모든 교리를 거부한다. 대학에서는 모든 것이 새롭게 모색되고 추구되고 연구되어야 한다. 담론 공동체인 대학의 지는 인간중심의, 진정 인간중심의 휴머니즘적 교양, 일반 교육(general education)의 원근법을 통해 모든 것을 조정하고 조화롭게 하여야 한다. 대학의 투명한 업적주의(meritocracy)는 결코 '만인에 대한 만인의 싸움'을 부추기는 천박한 자본주의의 시장원리와는 구별되어야 한다. 진정한 학문이란 나누고 차별하기 위해서가 아니라 서로 가까이하고 하나로 묶기 위해 있다. 우리는 그 교훈과 모델을 일부 미국 대학에서 찾을 수 있을 것 같다.

미국 대학은 전문대학원(professional school)을 통해 뛰어난 전문직의 두뇌집단을 배출하고 있다. 그런데 일부 명문 대학은 전문학 연구에 앞서 교육 우선의 학풍 즉 일반 교양 교육을 전통적으로 강조하여 왔다. 일반 교양 교육은 하버드대학의 경우 1학년에서는 폭넓은 필수 교양 과목을, 2학년에서는 선택 교양을, 3~4학년 과정에서는 학생이 진학할 전문대학원과 관련된 세미 전문학을 학습한다. 모든 학생은 그가 장차 전공을 무엇을 선택하건 특정학과 특정학부와 관련이 없는, '문명 내지 문화' 전반에 관련된 일반 교양 교육을 받아야 한다. 인문학-사회과학-자연과학이 삼위일체를 이룬 일반 교양 교육은 지난날 옥스-브리지의 고전문학 중심의, 베를린대학에서의 철학 중심의 교양주의와도 크게 다르다. 일반 교양 교육은 개인의 교양을 위한 교양이 아니라 사회적, 역사적 상황과의 관련에서 보편적인 규범을 찾는다. 그것은 학제성學際性을 기초로 종합적인 지적 퍼스펙티브를 학생들로 하여금 갖게 하는 교육이념이다.

교양교육은 지식의 단순한 전수가 아님은 물론 사물에 관한 종합적인 이해, 비판적인 인식에 중점을 두고 있다. 그리고 '갖가지 과목을 기초적인 주제 하에 구성하고 종합함'으로써 학생들이 직업적인 전문성에 그치지 않는 폭넓은 식견과 지성을 갖추어 서로가 공통된 기반 위에서 보편타당한 목표를 지향하는 시민공동체의 정체성 내지 공공성을 자각하게 하는 데 있다. 일반 교양 교육은 또한 전문학과의 유대를 잊지 않는다. 교양과 전문학 연구가 하나의 문맥 속에서 조화를 이루고 있는 것이다.

교양교육의 성공을 위해서는 사회적 모멘트에 뒷받침된 대학문화의 바람직한 발전이 요구되거니와 지적, 인간적인 성숙함과 창조성을 갖춘 교수를 확보할 수 있느냐 하는 점도 적지 않게 작동한다고 할 것이다. 특히 교양교육의 담당 교수는 중진교수이어야 한다. 하버드대학의 경우 교양 역사학은 세계적 석학 하스킨스Haskins 교수가 21년 동안 강의하고 지도하였다. 미국 대학에 있어서 교양과목을 가르치는 '권리'는 가장 뛰어난 교수에게만 주어지는 명예가 되고 있다. 그런데 우리 대학의 현실은 어떠한가?

미국은 오늘날 최고 수준의 명문 대학을 어느 나라보다 많이 소유하고 있다. 그 배경으로서 방대한 재정적 지원이 뒷받침된 연구와 교육의 바람직한 환경, 학벌이나 학맥의 존재를 허용치 않는 학풍, 그리고 학문적 '탁월성'을 찾아 세계에 열린 엄격하고 투명한 아카데믹한 업적주의. 그러나 그보다도 미국 대학의 최대의 장점으로서 우리는 일반 교양 교육을 위한 학부와 전문학 연구를 목적으로 하는 전문대학원 간의 긴밀한 유대를 더욱 높이 평가하고 싶다. 미국의 엘리트 집단이란 어느 나라에서보다도 교양과 전문학을 고루 갖춘 그룹이다.

오늘날 우리 대학의 현실은 어떠한가? 마치 기초과정으로 여겨지고 있는, 교양교육이 아닌, '교양과는 전적으로 무관한 교양과정, 담론의 학풍의 부재不在. 몇 해 전부터 대학사회에 일기 시작한 개혁의 바람은 학부제 중심으로 과를 개편하는 등 시스템의 개편이 시동을 건 듯하였다. 그러나 최근의 조사에 의하면 교수의 74%가 학부제가 아닌 학과제로의 환원을 바라고 있다고 한다. 그 명분이라는 것도 시대착오적 학문관, 대학관에서 파생된 것이거니와 교수사회의 집단적 이기주의의 행태를 엿보지 않을 수 없다. 대학의 구조적 개편이 초미의 과제로서 요구되고 있는 이 시점에서 학과, 학부, 칼리지의 전면적인 재편성, 대학과 대학 간의 통합을 위한 대학인의 새로운 패러다임과 열린 학문중심주의가 절실히 요구된다.

지지부진한 그리고 문제의 본지를 벗어난 대학 개혁을 둘러싼 담론 중에서도 기이한 것은 학력 사회 및 학벌의 병폐를 비판한 나머지 주장되고 있는 대학의 평준화 문제이다. 일본의 경우 전국의 국·공·사립대학 총 700개교 중에서 톱 30개교를 선택하여 세계적 수준의 대학으로서 집중적으로 투자하고 육성하는 방안이 결정되었다고 한다. 오늘날 우리의 대학에서 기대되는 것은 평등의 논리가 아닌 '탁월성'의 논리이다. 연구 공동체로서의 세계 속의 한국의 대학, 문제의 핵심은 우리의 최고학부가 지적 긴장과 탐구에 얼마나 투철하고 그리고 교양교육(학부)과 전문학(대학원)의 바람직한 조화를 얼마만큼 구현할 수 있는가에 달려 있다고 할 것이다. 대학이란 그 본질에 있어 무엇인가? 한국 대학의 바람직한 위상을 어디에서 찾

을 것인가? 대학인뿐만 아니라 우리 모두가 깊이 생각할 때라
고 할 것이다.

1) 국민단(nation) - 중세 대학은 교사와 학생들이 상호보조와 연대를 위해 그 출신지역 내지 국적이나 언어적 연고에 의해 '국민단'이라는 집단을 결성하였다. 이 국민단의 존재는 중세 대학의 범유럽적인 국제적 성격을 잘 말해준다. 파리대학은 프랑스(모든 라틴어권의 나라를 포함), 노르망디, 피카르디(폴란드 포함) 및 잉글랜드(게르만 민족의 여러 나라 즉, 독일과 북·동유럽 포함) 등의 네 국민단이 있었다. 그 밖의 먼 지역 출신의 학생들은 잉글랜드와 프랑스의 국민단에 나누어 소속되었다.

2) '강의 정지'권 - 중세 대학은 그 자신의 특권을 보호하기 위해 대학이 원할 때에는 언제든지 강의하지 않는 '강의 정지'권과, 대학을 다른 지역에 옮기는 '이주'권을 행사하였다. 때때로 대학은 속권俗權 특히 대학이 소재한 도시와의 투쟁에서, 그레고리우스의 대칙서에 의해 주어진 '강의 정지'권을 대학 '이주'권과 함께 전가의 보도처럼 사용하였다. 캠브리지대학은 원래 옥스퍼드대학이 강의정지권과 이주권을 행사하여 한때 캠브리지 마을에 옮겨진 결과 생겨난 대학이다.

3) 원래 금서였던 아리스토텔레스의 저작들이 해금되자 파리의 학생들은 성서보다도 아리스토텔레스의 저작에 더욱 심취하였다. 이러한 경향을 카톨릭교회는 두려워하며 철학적 논의보다도 믿음과 신학 학습에 더욱 정진할 것을 교사와 학생들에게 때때로 경고하였다.

4) '대학원'의 기원은 미국이다. 그것은 미국의 학부 과정이 유럽의 그것과는 달리 대체로 일반 교양 교육에 치중하여 학부 과정과는 다른 전문학 연구 교육 기관으로서의 대학원이 요구되었던 까닭이다.

5) 1789년 이래 일반 대학의 문리학부는 문과 학부와 이과 학부로 분리되고 그것은 1870년까지는 진정한 교육기관이 아니었다. 그 주요한 과제는 중등교육기관인 리세 및 콜레쥬의 생도들에게 졸업시험인 바칼로레아 시험을 행하고 교수들에게 시험 뒤 자격 부여를 행하는 일이었다. 교수들은 강의를 했다고

하나 청강생들은 학생이기보다도 일반 청중이었다. 문학부 및 이학부가 전문 교육기관이 된 것은 1870년 이후로서 그와 관련하여 '제학부의 집합체'에 '대학'이라는 명칭이 몇 개의 연합된 학부의 호칭으로서 부활하는 것은 1896년에 이르러서이다.

6) 이 '대학입학 자격시험'이 제정된 것은 1808년 나폴레옹의 칙령에 의해서였다.

7) '과학자(Scientist)'란 말은 1834년에 처음으로 만들어졌으며 1840년경부터 쓰여졌다. 그 이전에는 'Men of Science'란 말이 쓰였다. 그러나 캠브리지대학의 한 수학 교수는 1851년에 이르러서도 다음과 같이 말하지 않을 수 없었다. "영국에서 과학 연구는 전문 직업이 아니다. 그 연구자는 전문계층으로서 거의 인정받지 못하고 있다." 영국에서 전문직 계층의 등장은 개업의의 시험을 관장한 왕립 의사회(Royal college of Physicians)의 설립(1858) 및 변호사 면허의 특권을 지닌 법학 학회(The Inns of Court)가 발족한 19세기 후반에 이르러서야 볼 수 있다.

참고문헌

L.Thorndike, *University Records and Life in the Middle Ages*, 1975.

E.P.Cubberley, *Readings in the History of Education*, 1920.

H.Rashdall, *The Universities of Europe in the Middle Ages, vol. I, II*, 1936.

S.E.Morison, *Three Centuries of Harvard 1636~1936*, 1964.

H.Rosovsky, *The University-An Owners Manual*, 1991.

H.C.Barnard, *Education and the French Revolution*, 1969.

I.Kant, "Der Streit der Fakultäten", 1798.

W.von Humboldt, "Über die innere und äusser Organisation der höheren wissenschaftlichen Anstalten in Berlin", 1810.

Berkeley(U.C) Academic Senate, *Education at Berkeley: Report of the Select Commitee on Education*, 1966.

Clark Kerr, *Troubled Times for American Higher Education: The 1990s and Berkeley*, 1994.

Soub Ageot J., A.Geismar, D.Cohn-Bendit, *La Revolte Etudiante*, 1968 (일역 『학생반란』, 1968.)

이광주, "1968년 5월 학생혁명", 『情念으로서의 역사』, 문학과지성사, 1987.

이광주, 『大學史』, 민음사, 1997.

큰글자 살림지식총서 143

대학의 역사

펴낸날	초판 1쇄 2018년 5월 11일

지은이	이광주
펴낸이	심만수
펴낸곳	(주)살림출판사
출판등록	1989년 11월 1일 제9-210호

주소	경기도 파주시 광인사길 30
전화	031-955-1350 팩스 031-624-1356
홈페이지	http://www.sallimbooks.com
이메일	book@sallimbooks.com

ISBN	978-89-522-3923-5 04080
	978-89-522-3549-7 04080 (세트)

※ 이 책은 큰 글자가 읽기 편한 독자들을 위해
　글자 크기 14포인트, 4×6배판으로 제작되었습니다.